勝者と敗者を分かつ

億トレFX術

資金10万からでも
1億円！

専業FX億トレーダー
秋村 たかのり

投資の原理・原則

Clover
クローバー出版

オープニング前チェックシート

ＦＸをやってみたいけれど、自分にできるのかと不安な人。ある程度やってみたけれど、うまく結果が出せていないという人。まずはこのチェックシートに挑戦してみてください。ＦＸで成功するために必要な要素が備わっているか？　まずはお試しを。

次の項目のうち、当てはまるものにチェックを入れてください。

□問１　投資で稼いで、将来働かなくてもいいほどの資産を手に入れたい
□問２　人から認められたい、すごいと言われたいという気持ちがある
□問３　自分は頭がよくないと思っている
□問４　今までの人生のシーンで「今、自分は主役だ」という場面はあまりなかった
□問５　ＦＸをやって痛い目を見ないか不安だ
□問６　単調な仕事でも、地道にコツコツやることができる

□問7　ギャンブルに刺激を感じたことがない
□問8　多数決で決まったことには素直に従うタイプだ
□問9　強敵に立ち向かうよりも、今、勝てそうな相手と勝負して勝ちたい
□問10　何事も計画を立ててから行うタイプだ
□問11　ラクをして簡単に一攫千金を狙える方法はあると思う
□問12　テクニックさえ身につけたら、ＦＸで損失を出すことはないと思う
□問13　勝負事は、毎回勝つまで終わらせたくないタイプだ
□問14　勝負事で負けたことを、翌日以降もつい引きずってしまう
□問15　さまざまな情報源から、情報をハイスピードで入手することが得意だ
□問16　いつも乗っている電車が遅延した、飲食店で注文したものが出てくるのが遅かったというときに、駅員さんや店員さんに文句を言ったり注意したことがある
□問17　ゲームをしていると、つい「もう少し」と睡眠時間を削って長時間やってしまう
□問18　人に物事を尋ねるのが苦手だ
□問19　物事にチャレンジするかどうか迷ったとき、よりリスクの少ないほうを選ぶ
□問20　他人と違う発想をするのが得意で、それでうまくいくことが多い

計算方法

問1～10はチェックが入ったら1問につきプラス1点
問11～20はチェックが入ったら1問につきマイナス1点

結果

合計がプラス6点以上になった人は、今すぐFXを始めるべし！　成功するチャンスが大です。

0～5点の人は、基本姿勢を少し見直す必要があります。でも、少しのチューニングでFXで成功できる素質を手に入れられるはず。

マイナス1～5点の人は、今の自分のメンタルを変える必要があります。今、FXでうまく結果が出ていない人は、メンタルに大きな落とし穴があると思ってください。

マイナス6～10点の人は、FXに向いていません。今、手を出すのはやめましょう。

ただし、どんな結果になった人も、本書を読んだ後でもう一度チェックし直してみてください。結果が少しでもプラスに傾いた人は、FX勝者に向けて成長できる人です。

解説

問1〜5にチェックを入れた人は、自分自身が持っている弱点と向き合える人です。それは、人間誰しもが持ち得る弱点です。真摯《しんし》に向き合える時点で、FX勝者への一歩を踏み出しています。

問6〜10にチェックを入れた人は、性格・性質的にFXに向いている傾向があります。

問11〜15にチェックを入れた人は、FXや自分自身に対する期待度が、現実よりも高めになっています。今一度、現実を冷静に受け入れる必要があります。

問16〜20にチェックを入れた人は、FXで落とし穴にすぐハマるタイプの人です。ここにチェックが多い人ほど危険！　自分を過信しないよう、気を付けてください。

結果について「どうして？」と思う人もいるかもしれません。その答えは、本書を読んでいただければ明らかになるはずです。納得いかない方は、もしFXで成功したいという強い気持ちがあるのならば、納得がいくまで何度も読んでください。

はじめに

今の生活に満足しておらず、あるいは老後が心配で、お金がほしいけれど稼ぐ方法がわからない。副業をやってみたいけれど、サラリーマン生活であまり時間がない。投資に興味はあるけれど、何がいいのかわからない。

サラリーマンで大きく稼げる人はひと握り、さらに非正規雇用者が4割近くになっている今、こうしたお金の悩みを抱えている方は多いと思います。そんなみなさんにぜひ挑戦してほしいのが、FXです。

また、FXを始めてみたけれど思うように結果が出ないという方も多いと思います。そんな方々にも、ぜひ読んでいただきたいのが本書です。

僕は、億を超える資産を持つFXトレーダーです。FXを始めたのは2010年頃。自己流で始めたFXでしたが、当初は負け続きで、二度破産も経験しています（自己破産はしていません）。全資産を溶かしました）。しかし、そんな僕でも今では資産は億をゆうに超えています。「破産した」というと、「やっぱりFXは危険だ」と思う人も多いかもしれませんが、正しい方法さえ学べば、僕のように人生のドン底に突き落とされることはありません。

僕がなぜ失敗をしたのか。FXで痛い目を見たという人が後を絶たないのはなぜなのか。そして、僕がなぜ稼げたのか。ドン底に突き落とされることなく、FXで成功するために本当に必要なこととは何なのか。本書ではそのポイントをお伝えしていきます。

■サラリーマンで稼ぐのは難しい!

FXで成功するための方法をみなさんにお伝えする前に、僕がなぜFXをみなさんにおすすめするのかということを述べておきたいと思います。

簡単に言えば、それは他のどの稼ぎ方よりも効率よく、大きく稼ぐことができるからです。しかも、**学歴が高いとか、頭がいいといったことに関係なく、FX**

は稼ぐことができるのです。

サラリーマン（正規雇用）の方で、年収1000万円を超えている人は、男性で6・9％、女性で0・9％となっています（国税庁「平成29年民間給与実態調査」）。年収1000万円以上稼げる人というのは、バブルも過ぎ去った今の時代では立派です。小さい頃から必死に勉強をして、いい大学を出て、総合職として大きな会社に入って、これだけ稼いだという人たちが多いのでしょう。

でも、それだけ頑張っても、年収1000万円稼げる人は、男性で14人に1人。女性の場合は100人に1人もいません。なぜ一部の人しか稼げないのか。

その理由は簡単です。サラリーマンは、雇い主が儲けるために働かされているからです。いくら働いても基本給は変わらないですし、時間に自由がなく、就業規則に縛られています。そもそも、お金持ちになろうと思ってサラリーマンになる人は、あまりいないかもしれませんが。

何かやりたいことがあり、自営業を選択する人もいます。サラリーマンよりもやりたいことは選べますし、お金持ちになれる可能性もあります。ただし、僕は自営業者はリスクが高いように感じます。

サラリーマンなら商品やシステム、働く場所、給料などはすべて会社が用意してくれます。自分に与えられた仕事だけやればいいわけですが、自営業者はすべて自分でやらなくてはなりません。成果が出なければ、収入もありません。自分に能力があっても、すごいものを開発しても、それを売り込むことができなかったり、人に知られる機会が少なければ、収入に繋げることは難しくなります。

会社の中で、いちばん能力が高いのは社長です。社長より優秀であれば、その人は独立して自分の力で稼いでいくことができます。みなさんの会社の中で、最も能力があるのは社長ということになりますが、この社長に能力がなければお金持ちになることはできません。

社長が自分よりも能力のある人をヘッドハンティングできればいいのですが、能力のある人はそういう社長の下で働くよりも自分で会社を興したほうが稼げますから、そう簡単にはいきません。

こうしてビジネス社会を見ていくと、お金を大きく儲けるには、高い能力が必要になることがわかります。

■大金を稼ぎたいなら「投資」が圧倒的にラク！

ただ、そういった会社や能力のある人に投資をして、お金を儲ける方法はあります。それが株です。応援したい会社、将来の成功が見込める会社や人にお金を出して、その代わり利益が出たらキックバックしてくださいというのが株です。

伝説の投資家と呼ばれるウォーレン・バフェット氏は、株価を「上がっている、下がっている」という感覚で見ていては儲からないと話しています。大切なのは社長の考え方や生き様が、世の中の動き、リズムに合っているかということで、そこを見て超長期的に投資をすれば必ず儲かるというのです。

新しいサービスや商品を開発するとか、ものを売るといったことでお金を稼ぐのではなく、そういうことができる人や会社を見つけて投資すれば儲かるとなれば、これは圧倒的にラクです。ｉＰｈｏｎｅを開発するのは難しいですし、それをアップル社に「売らせてください」と言うのも無理です。

ではどうすればいいかというと、アップル社の株を買うか、ｉＰｈｏｎｅを扱っているソフトバンクなどの株を買えばいいというわけです。利益は薄くなりますが、これは効率的な考え方です。

お金持ちになりたければ、そして自分に大金を稼げる能力がないのなら、株式投資をすればいい。サラリーマンよりも自営業者よりも、投資のほうが圧倒的にラクです。

しかし、それよりも**もっとラクに、安全に稼げるのがＦＸです。**

株の場合は、会社がつぶれたら利益はまったく入ってきません。銘柄も多く、選択によってはまったく儲からない場合もあります。株とＦＸの違いについては本書の第1章で詳しく説明しますが、株は買ったのに何の利益も生み出さず、損をするというリスクが常につきまといます。

しかし、ＦＸは国と国の通貨をやりとりするため、国がつぶれなければ投資した分がパーになるということはありません。国は滅多につぶれませんから、リスクはかなり低いと言えるでしょう。同じ投資だったら、絶対にそちらを選んだほうがいいと僕は思います。

■安全に、少ない資産で、誰でも始められるのがＦＸ

ＦＸは数万円程度の運用資金で始められるため、株など他の投資よりも参入障壁は格段に低く、サラリーマンや主婦、学生など忙しい人でも無理なく始めることができます。

そして、元手以上のお金を動かすこともできます。ＦＸには、レバレッジと複利というものがあり、自分の資金の25倍の額で取引することができるのです。これも詳しくは第1章で説明をしますが、だからこそ、あまり資金がないという人でも、大きく儲けることができるのです。しかもそれを、複利によって雪だるま式に増やしていくことができるのです。

ＦＸは、資金があまりなくても、時間がなくても、学力が低くても、仕組みさ

えわかっていれば、誰でも稼ぐことができる投資です。しかし、稼ぐスキルを身につけるには、正しく稼いでいる人に学ばなくてはなりません。

僕も独学でＦＸを始めましたが、最初は失敗続き。途中で、「ちゃんと稼いでいる人から学ばなくてはだめだ」と気付き、お金を惜しまず自己投資をしっかりしてきたことで、億を超える資産にまでたどり着くことができました。結局は、スキルを身につけるためには、正しく自己投資をすることが重要だと気付いたわけです。

人生は一度きりです。今やっている仕事が好きで、生活にも満足しているという方は今のままでもいいかもしれませんが、もし、やむなく選んだ仕事であまり楽しみを見出せず、お金がほしいけれどこのままではお金持ちになれる見込みもない……、そんな日々を送っているのであれば、一歩踏み出してみませんか。

稼ぐ人というのは、やりたい、やろうと思ったらすぐチャレンジする人です。本書をきっかけに、みなさんがＦＸに挑戦し、お金を稼ぎ、人生を豊かにしてくれることを望みます。

億トレＦＸ術――目次

第2章 FXで稼ぐには「マインド」が最重要！

第3章 教科書どおりにやっても稼げないのはどうして?

第7章

【失敗体験から学ぶ】秋村はなぜ成功できたのか？

おことわり：本書の内容は投資結果を保証するものでは一切ありません。

第1章

初心者でもできる！FXの基礎知識

ＦＸをやれば、毎月数十万、数百万円の収益を手にすることができる。そんな夢を見て、今、多くの人がＦＸに挑戦をしています。実際に、十から数十万円の元金でＦＸを始めて、数億の資産をつくったという人は、何人もいます。

僕もそのひとりで、ＦＸで稼いだ額はゆうに億を超えます。

うさんくさい……と思う方もいるかもしれませんが、もちろん最初からガンガン利益が出て、一攫千金が叶ったわけではありません。また、ＦＸ投資家のうち、しっかり利益を出せる人というのは全体の10％ほどです。

ＦＸは、一攫千金を狙えるギャンブルではありません。稼ぐためには、自分のライフスタイルや目標に合わせながら、コツコツと継続し、その中で稼げる法則を身につけていくことが大切なのです。そして、その前提として、**正しい知識と心構えを持っておくことが必要**です。

❖

❖

❖

本書を手にした方の中には、ＦＸとはどんなものなのか、ある程度ご存じの方も多いと思いますが、第１章では最低限必要なＦＸの基礎知識をお伝えしていきましょう。どのようなテクニックを使って取引を行うかということについては、本書ではあまり重要としていませんので、まずはＦＸとはどういう取引なのかということを、ここで頭に入れておいていただきたいと思います。

ただし、本書でみなさんに本当に伝えたいことは基礎的な知識や具体的なテクニックというわけではありません。

ここでは、本当にＦＸで成功するために必要なことをお伝えする前に、最低限ＦＸとはこういうものだと知っておいてほしいことをまとめました。中級者以上の方は読み飛ばしていただいてもかまいませんが……、もしかしたら、**「基本のキ」から読むことで気付くこともあるかもしれません。**

短期でも利益を出せるのがＦＸ！

ＦＸとは、「Foreign eXchange」を略したもので、日本語では「外国為替証拠金取引」と訳します。

為替取引とは、円とドル、ドルとユーロといった、異なる2国間の通貨を売ったり買ったりして交換する行為のことを言います。テレビのニュースなどでも毎日「外国為替市場、今日の終値は1ドル○○円でした」という為替相場について報道されていますが、これは通貨と通貨の間の価値は、毎日のように変動しているからです。

通貨の交換比率は「為替レート」と呼ばれており、為替レートは需要と供給のバランスによって変動します。

たとえば円と米ドルで、1ドル＝110円だったところ、その後、円が多く買われたことで1ドル＝100円になるというように、為替レートは動いていきます。

この場合、1ドルで交換できる円の値段が安くなるということは、円の価値が上がったということになります。つまり、「円高ドル安」になったということです。逆に、米ドルが多く買われて1ドル＝120円になったとしたら、「円安ドル高」になったということです。

FXは、こうした為替レートがどのように動いていくのか分析しながら、取引を行っていく投資方法です。たとえば、1ドルを110円で買った後に、ドルが120円になった場合、買ったドルをすぐに円に交換すれば、差額の10円が利益として得られるというわけです。

為替レートは刻一刻と変動していきますから、FXでは短期間でも利益を出すことが可能です。

小さな軍資金でも取引できる！

FXの面白いところは、「レバレッジ」というシステムを使って、小さな軍資金でも大きく稼ぐことができる点にあります。レバレッジとは、「てこの原理」、つまり小さな力で大きなものを動かすという意味です。

ＦＸを始めるためには、証券会社のＦＸ用の口座に、あらかじめ担保として「証拠金」を預けることになります。そのお金で通貨の売り買いをするのですが、通常なら、その預けたお金で買える分しか通貨を買えないはずです。

でもＦＸでは、この預けたお金の何倍もの通貨を買うことができるのです。たとえば、預けた証拠金では普通なら１００ドルしか買えないところを、レバレッジを使うことで、１０００ドルを買うことができるという仕組みがあるのです。

もしこれで利益が出せれば、当然その額も10倍になるというわけです。ただし、損失を出してしまえば、その額も10倍となります。

日本では、レバレッジは最大で25倍まで使うことができますから、10万円の元手があれば、最大で２５０万円の資金で取引をすることができます。

ちなみに、日本ではレバレッジは25倍までという制限がありますが、海外の証券会社を使う場合だと、４００倍、８８８倍などという大きなレバレッジで取引ができることもあります。

複利を使って資産を雪だるま式に増やす

レバレッジに加えて、複利を利用できるのも、FXの面白いところです。

複利というのは、元本と利子を合計した金額に、さらに利子がついていくという計算方式です。

たとえば、10万円の元本で利子が毎月30％ついていくとして計算してみましょう。

最初の資産　10万円
1カ月後の資産　10＋（10×0・3）＝13万円
2カ月後の資産　13＋（13×0・3）＝16・9万円
3カ月後の資産　16・9＋（16・9×0・3）＝21・97万円

これが1年続くと、資産は約230万円に膨らみます。さらに、2年後では約

5400万円、3年後には12億を超えることになります。毎月一定額増えていくのではなく、雪だるま式に一気に膨らんでいくのが複利の計算です。

FXの場合も、稼いだお金を引き出さずに、その額を元本に加えて再投資していくというように、複利を利用することで、資産を雪だるま式に増やすことができるというわけです。

そこに、先ほどのレバレッジを加えれば、たとえ軍資金が10万円でも、数年で億単位を稼ぐことが可能というわけです。

みなさんご存じの偉大な物理学者、アインシュタインが「人類最大の発明」と呼んだのが、この複利です。アインシュタインは20世紀、資本主義社会が急成長する中、その成長を支えた金融の複利の力を目の当たりにしてこの発言をしたと言われています。

サラリーマンになって稼げるお金や不動産投資などでは、この複利を使うことはできませんが、FXや株では複利を最大限に使って稼ぐことができます。

為替が動く仕組みを知っておこう

FXは為替レートの動きを分析して稼ぐものですから、「なぜ為替が動くのか」を知っておくことが前提となります。

FXの方法を具体的に知る前に、まず知っておきたいのは、為替の基本的な知識です。

まず、通貨の価値というのは何で決まるのか。それは、その国の経済力です。国の経済が豊かであれば通貨の力は強くなり、経済が悪化した国では通貨の力は弱くなります。

また、それだけでなく、国が金融緩和政策をとり、国内にお金がたくさん発行されると、その通貨が一時的に安くなることもあります。さらに、テロや戦争によって政治情勢が不安定になることで経済も不安定化し、為替レートが大きく変動することもあります。

たとえば、2007年頃、アメリカではサブプライムローンショックやリーマンショックなどによる金融危機が起こりました。これによって国内経済は打撃を受けてドルの価値は落ち、世界の投資家たちは、ドルよりも円を買うという動きをとりました。そのため、

	円高	円安
メリット	・輸入品が安く買える ・海外旅行が安くなる	・外国にものを売りやすくなる（値下げが可能） ・価格競争が可能になり、国際競争力が高まる
デメリット	・輸出産業に不利 ・外国人観光客が減る ・デフレを進行させる	・輸入産業に不利 ・輸入品が高くなる ・海外旅行が高くなる

「ドル安・円高」が進み、アメリカからの輸入品の値段が下がっていきました。

このように、為替レートが変動するということは、私たちの生活にもさまざまな影響をもたらすことになります。

円高が進んでいるときには、輸入品が安く買えますし、海外のホテルに安く泊まることもできます。海外のブランド品も安く手に入れられます。

一方で、日本は輸出大国でもありますから、輸出で利益を得ている会社の場合は、商品を海外で販売するときに、円に換算するとそれよりも安くなってしまうというデメリットが生じます。

円安・円高には、メリットもあればデメリットもありますが、FXにおいてはどちらにしても、正しい方法で取引をすれば利益を出すことができるのです。

株式投資とどう違う?

ＦＸは、為替レートを見ながら外貨を売り買いして利益を出していくものです。たとえば、円高のときに外貨を買い、円安になったら売る。その差額が利益となるということです。

また、スタートは円で外貨を買うところからとは限りません。

ＦＸでは証拠金を使って外貨を借りることもできるため、外貨を売るというところからスタートすることも可能です。

ですから、円高が進むと分析した場合には、まず外貨を借りてそれを売っておいて、円高が進んだら買い戻せば、利益が得られます。

このように、ＦＸでは為替レートがどのように動いていても利益が出せるのです。ここが株式投資とは違うところです。

株式投資では、保有する株の価格が上がらなければ、利益を生むことはできません。景気が悪化すれば株価はどんどん下がってしまいます。しかし、**ＦＸでは、景気に関係なく、円高・円安にも関係なく、どのような状況でも、刻一刻と変動する為替レートをもとに稼ぐことができます。**

他にも、株にはないメリットはいくつかあります。株の場合は証券取引所の営業時間が決まっていますが、ＦＸは平日なら24時間取引が可能。仕事から帰ってきてから、夜の空いた時間に取引をするというサラリーマンも多くいます。

投資対象も、株よりも選択肢が圧倒的に少ないので、どこにしようか迷う時間が省けます。株の場合は日本国内だけでも３６００社以上の企業が上場していますが、通貨の場合だと国の数だけということになります。それに、取引をするのはメジャーな通貨だけになりますから、せいぜい10種類ほどです。

さらに、ＦＸは株式市場の１００倍以上の規模で取引が行われています。その取引総額は、１日におよそ５００兆円。規模が大きいということは、予想もつかない値動きに振り回されず、ある程度法則が読めるということです。

少人数の取引の場合、ひとりが飛び抜けて莫大な額で取引をすることで、全体に影響が及ぶということがあります。でも、ＦＸのような大きな規模の取引では、そのようなイレギュラーな少人数の取引が全体を大きく左右するような可能性は、少なくなるのです。

主要な通貨の特徴を覚えておこう

ＦＸでは、自分で好きな通貨を2種類選んで、通貨と通貨の取引を行い、その差額で利益を出していきます。各国の通貨には、それぞれに特徴がありますので、メジャーな通貨に関してはざっくりと理解しておくとよいでしょう。

次にいくつか紹介しておきます。

【日本円】

私たちが日本で普段使っているお金です。円は、為替市場では「安全資産」と見られる傾向にあります。それは、日本がテロなどの標的になりにくく、中東やアフリカといった政治情勢が不安定な国から離れていること、また長らく経常黒字国であることなどが理由です。

よって、**金融危機のリスクが高まるなど、世界情勢が悪くなるほど円が買われていくことになります。**

【米ドル】

ドルは、アメリカのほかにもオーストラリアや香港など、いくつかの国で使われている通貨です。米ドルは世界経済の中心とされており、世界経済がよくなったとき、安定しているときには投資が活発になります。それによって、時に売られやすくなることがあります。

また、**世界経済が悪化したときには、リスクを回避するために買われやすくなる傾向があります。**

【ユーロ】

ユーロはフランスやイタリア、ドイツやオランダなど、ヨーロッパの19カ国で使われている通貨です。ユーロの為替相場は、ヨーロッパ各国の政治的要因に大きな影響を受けることがあります。

また、ユーロとドルはシーソーのような関係にあり、**ドルが売られればユーロは買われやすく、ドルが買われればユーロは売られやすくなるという傾向があります。**

【ポンド】

イギリスと、中東やアフリカなどの数カ国で使われている通貨です。アメリカのドルが世界経済の基準となる以前は、ポンドが世界経済の基準となっていました。

ポンドは投機目的に取引されることが多く、値動きが大きいという特徴があります。そのため、日本人投資家にも人気の通貨ではありますが、独特のクセがあって扱いにくい面もあります。

【オセアニア通貨】

豪（オーストラリア）ドルや、ニュージーランドドルなどをまとめて、オセアニア通貨と言います。**これらは世界情勢が安定していて、投資市場がリスク選好の流れになると、買われやすくなる通貨です。**

それは、これらの通貨を使う国が資源国であることに由来しています。資源国の通貨は、その国の経済は安定していても、世界情勢が悪くなると影響を受けて為替レートが変動するという特徴があります。輸出の多い国では、輸出先の国の経済状況によっても影響を受けやすくなります。

オセアニア通貨は、メジャーな通貨の中では流動性が低く、情報量が少ないということにも注意が必要となります。

ＦＸ市場は24時間オープン！

ＦＸは株式市場とは違って、土日を除く平日の24時間取引ができると前述しました。このＦＸ市場についても少し説明しておきましょう。

外国為替は各国の銀行間で取引されているため、日本の銀行が閉まっていても、別の国の銀行は時差によって開いています。つまり、**世界の為替市場のどこかが、常に動いているという状態にある**のです。為替市場は、毎日オセアニアから始まり、東京、ロンドン、ニューヨークという順番でオープンしていきます。

ただ、取引は24時間いつでもできますが、通貨によって取引が活発になる時間帯は異なります。基本的には、市場が開く時間には、その国の通貨の流動性が高まるという傾向がありますが、クセのある市場もありますので、いくつかポイントを覚えておくとよいでしょう。

たとえば、日本時間の午前6時にニュージーランド、午前8時にオーストラリアなどのオセアニア市場がオープンします。この時間帯は、ニューヨークの取引市場が閉まる直前です。ニューヨーク市場は、日本時間の午前7時に閉まります。この時間帯には、オセアニア市場の流動性が下がります。

特に月曜日の朝というのは、1週間の取引がオセアニア市場から始まるタイミングで、土日に何か世界的に大きな出来事でも起こっていない限り、為替の変動はかなりゆっくりしたものになっています。

東京市場の場合は、午前9時から始まり午後5時に終わります。東京市場はアジアの中ではナンバーワンの市場ですが、ニューヨークやロンドンの市場に比べると、値動きは落ち着いている傾向にあります。

このように、値動きが落ち着いている市場では、大きなリスクを回避できるので初心者には向いていますが、その分、大きく稼ぐには向いていないと言えます。

一方、値動きが活発な市場は、ニューヨークやロンドンの市場です。ロンドン市場は日本時間の午後5時から、ニューヨーク市場は午後11時からオープンとなります（サマータイムの間はそれぞれ1時間早まります）。

ロンドン市場はヨーロッパの中心になっており、取引量がとても多く、流動性も高い市場です。ここでは海外の慣れた投資家たちが、アジア市場の動きも踏まえてさまざまな動きを見せてきます。ですから、あまり素人には向いていないと言えるでしょう。

ニューヨーク市場は、日本時間の午後1時頃までは、非常に大きな値動きを見せます。この時間帯はアメリカ系のファンドなどが大きな取引をすることも多く、こちらもあまり素人には向いていないと言えます。また、ニューヨーク市場の場合は、アメリカが発表する経済指標の数値によって、ダイナミックな変動を見せるのも特徴です。

ＦＸは自分のライフスタイルに合わせて、24時間の中で空いた時間をうまく利用して取引を行うことができるのがメリットのひとつです。でも、自分が取引をしたい市場の時間帯によるクセを知るためには、その市場に自分の時間を合わせて経験を積んでいくことも大切です。

投資スタイルも自由に選べる！

24時間いつでも取引ができるＦＸですが、投資スタイルは人によってさまざまです。超短時間で稼ぐ人もいれば、数日をかけてじっくり稼ぐ人など、考え方やライフスタイルによって投資スタイルも選べるのです。

たとえば10分とか1時間といった単位で値動きを見て、その日のうちに決済を数回するデイトレーダーも多くいます。数秒、数分といった短時間で取引をする、スキャルピングというスタイルで、１日に数十回の取引を行う人もいます。

毎日長時間をＦＸ投資のために費やすことができないという人は、数日から数週間という単位で値動きを見て、月に数回の取引をするスイングトレードというスタイルをとっています。

ただ、デイトレードでも、ＦＸの場合は「売った通貨がこの価格になったら買う」というように、決済したい価格をあらかじめセットしておいて、自動的に決済ができるような方法もあります。これを使えば、ずっとパソコンの前に張りついている必要はありません。

大きな利幅を狙いたいなら、一般的には売買から決済までの時間が長いほうが、１回の投資で得られる利益が大きくなる傾向にありますが、**長期的に値動きを読むというのは、初心者には少し難しいかもしれません。**

ＦＸに予想はいらない！

ＦＸでは為替レートの動きを見ながら取引を行いますが、「何となく上がりそう」「こんなに上がったなら次は下がるでしょう」といったぼんやりした根拠でトレードをしていたら、いつまで経っても稼ぐことはできません。取引を決定するには、何か根拠がいるはずです。これを説明していきましょう。

取引の根拠となるものには、大きく2種類の分析があります。それが「ファンダメンタルズ分析」と「テクニカル分析」です。

ファンダメンタルズ分析とは、さまざまな国の政策金利や経済指標、景気の動向といったことを、ニュースなどの情報をもとに分析する方法です。株で言うと、『会社四季報』や企業のリリースなどを見て取引をするという形になります。

テクニカル分析のほうは、為替レートをグラフにして表した「チャート」というものを使った分析です。チャートの分析のしかたは、人によってそれぞれです。ローソク足（相場の値動きを時系列に沿って表したもの）の並び方だけを見て分析して取引する人もいれば、チャートにいろいろな線を追加して分析する人もいます。

僕の場合は、テクニカル分析を使って取引をしています。なぜファンダメンタルズ分析ではなくテクニカル分析かというと、テクニカル分析ではみんなが同じチャートを見ているからです。お金持ちの人も、高学歴の人も、投資関係のコネがある人も、みんな同じも

1-1　FXに予想はいらない

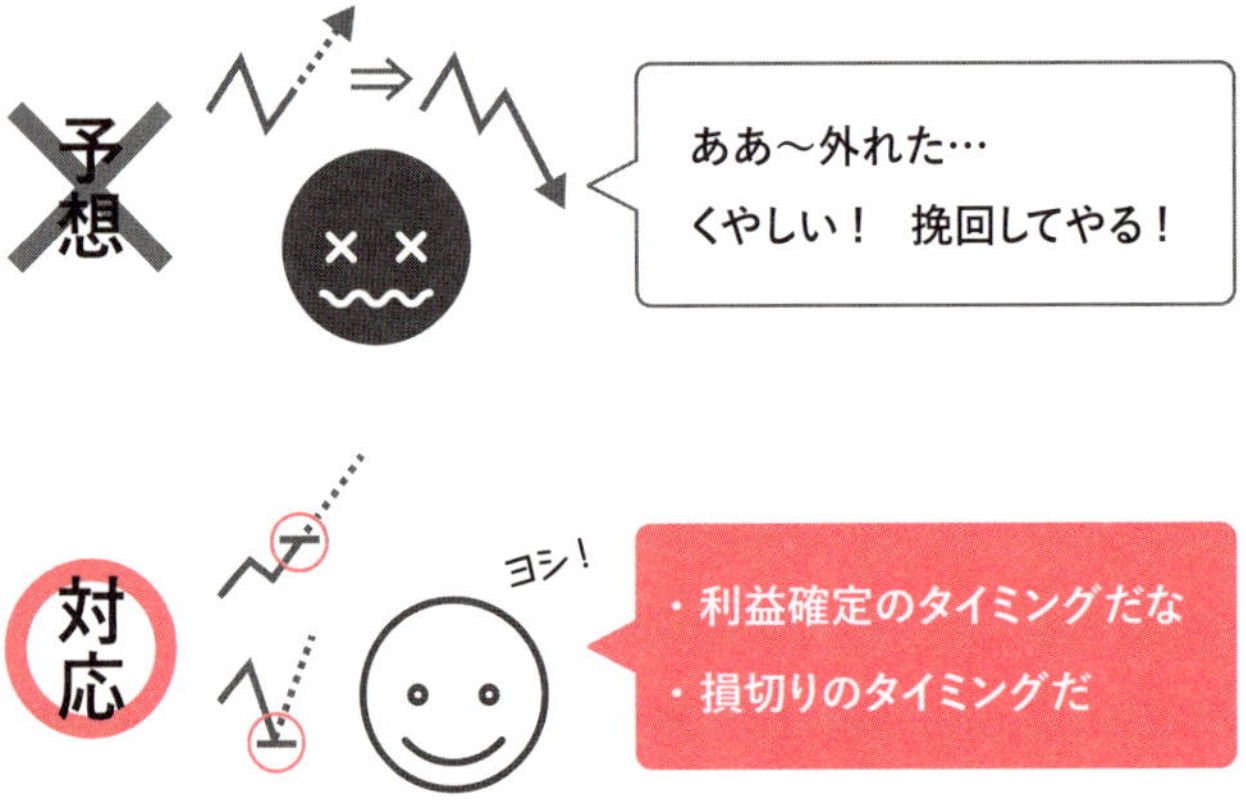
予想
ああ〜外れた…
くやしい！　挽回してやる！
対応
ヨシ！
・利益確定のタイミングだな
・損切りのタイミングだ

のを見て取引をしていて、そこで優位性を発見できた人だけが稼げるというのがテクニカル分析です。

一方のファンダメンタルズ分析の場合は各国の情報をもとに取引をするわけですが、世の中には情報を数千万円、数億円で買っている人たちがいます。その人たちと情報戦で勝負をしようと思っても、僕たちはかなうはずがありません。ニュースとして僕たちの元に情報が届く頃には、もうすでに同じ情報を手に入れている人たちがいるわけですから。それに、そもそもニュースを細かくチェックしたり、経済の勉強をしたりするのも面倒です。

ただ、僕もまったくファンダメンタルズ分

析を使わないわけではありません。**政策金利、雇用統計、GDPなどの経済指標は一瞬でFXの相場に影響を及ぼしますから、それらが発表されたときにはチェックする必要があると思います。**

ちなみに、FXは為替レートの動きを「予想」するものと考えている人もいるかと思いますが、それは間違いです。みなさんに予知能力があるのなら、予想をもとに取引をしてもいいのですが……。予想をしてしまうと、それが外れたときに悔しいという感情が湧いてきてしまい、冷静に取引することができなくなってしまいます。

FXには、予想はいりません。病院に患者が運ばれてきたとき、その症状に合わせて医者が処置をするように、「ああなったらこうする」「こうなったらああする」という「対応」をするのがFXです。

そういう考え方をせずに「次はこうなるんじゃないか」と予想して取引をしていても、成功することは難しいでしょう。

基礎用語を知っておこう

本書では、先ほどのファンダメンタルズ分析やテクニカル分析をどのように行うかというテクニックの面を重視しているわけではありません。それ以前に、**最も大切なのは「マインド」**であり、どのようなマインドを持っていれば勝てるのかということをお伝えしたいと考えています。

ただ、ＦＸの基礎用語をいくつか知っていると、お話も伝わりやすくなると思いますので、これまで出てきた用語の他にもここでいくつかまとめておきましょう。参考として、読んでおいてください。

・**リアルマネートレード**……自分の資金を証券会社に入金して、実際の取引をすること。

・**デモトレード**……仮想の資金でトレードを行うこと。多くの証券会社は、リアルの口座とは別に、練習用のデモ口座を用意しています。ここで勝っても負けても、自分の資金には影響はありません。ですから、リアルマネートレードを始める前に、まずデモトレードで練習して慣れておくことが大切です。

・**エントリー**……買い注文、売り注文を出すこと。FXでは買い注文を出してから売る、売り注文を出してから買う、というようにして取引を行います。

・**ポジション**……エントリーをして、決済をせずにその状態を維持していること。ある通貨を売っている状態を売りポジション、ある通貨を買っている状態を買いポジションと言います。

・**エグジット**……持っているポジションを決済することです。取引は、エントリーをしたら必ずエグジットして終わります。

・**ロング**……ある通貨を買うこと。

・**ショート**……ある通貨を売ること。

・**損切り**……損を承知で決済をして取引を終えること。早めに手を打って傷が深くなることを防ぐロスカットのこと。

・**利益確定**……持っているポジションを決済して、利益を確定すること。

・**ホールド**……ポジションを決済せずにそのまま持っておくこと。
・**トレンド**……相場の流れのこと。ある通貨がどんどん買われて価値が上がっていることを「上昇トレンド」、逆にどんどん売られて価値が下がっていることを「下降トレンド」と言います。トレンドは一度発生すると、しばらくその状態を保ちます。
・**レンジ**……トレンドが発生せず、相場が横ばいの状態で推移していること。
・**ロット**……トレードをするとき、どれくらいの資金で取引をするかを表す、取引通貨量の単位。1ロット、0・1ロットなどと表し、通常は1ロット＝10万通貨となります（証券会社によっては、1ロット＝1万通貨と表すところもあります）。日本円を1ロットと言えば、10万円ということになります。
・**pips**……為替が変動するときの最小値幅の単位を1pipsといいます。米ドルと円の間では、1pipsは0・01円となります（つまり1銭が1pips）。ドル円相場が100円から101円になったときには、100pips上昇したということになります。FXで勝ち負けを表すときには、「100pips勝った・負けた」というように表現します。

日本ではＦＸの税金は優遇されている

もうひとつ知っておいてほしい大切な話が、税金です。日本では累進課税制度によって、ビジネスを興している人などは稼げば稼ぐほど税金をとられます。年間所得695万円以下の人なら30％、900万円以下の人なら33％、1800万円以下の人なら43％、4000万円以上の人なら55％というように、所得に応じて税率も高くなるのです。

ＦＸで稼ぐ場合にも、当然税金はかかります。ただ、**ＦＸで得た利益に対しては、いくら稼いでも税率は20・315％です。**日本では申告分離課税といって、投資などで利益を得た場合には他の所得とは分けて税額を計算して、確定申告をして納税する形になっています。

どれだけ稼いでもこの税率ですから、1億円稼いだとしたら約8000万円は手元に残ります。これがほかのビジネスで1億円稼いだ場合だと、手元に残るのは5500万円。この2500万円の差額は大きいと思います。

ちなみに、ここ数年流行している仮想通貨では、最大55％の税金が徴収されます。1億円稼いだとしても、残るのはたったの4500万円になります。

また、税金の申告をするときには、3年まで遡って繰り越すことも可能です。たとえば1年目に損失が出てしまった場合、そのマイナス分を翌年、翌々年に繰り越して、その分税金を安くするということもできます。

ただし、これは国内の場合です。国内に口座を持っていれば前述のとおりですが、海外口座の場合はまた話が変わってきます。最大で55％払わなくてはならない場合もあります。

国内では申告分離課税ですが、海外の場合は総合課税となり、FXでの利益は雑所得に分離され、稼げば稼ぐほど税金がかかることになります。だいたい利益330万円くらいまではかかる税額は変わりませんが、それ以上稼ぐと大幅に税率が上がり、ごそっと持っていかれてしまうのです。ですから、330万円以上利益が出るようなトレーダーは、日本の口座を選ぶことをおすすめします。

こういう話をすると「申告しなければいいのでは」と思う人もいるかもしれませんが、確定申告は必ずしてください。

マイナンバーも導入されて、税金逃れをするのはとても難しくなっていますし、もし発覚した場合には相当な金額を徴収されることになります。そのリスクを考えたら、普通に確定申告をして納税したほうが絶対にいいので、忘れずに申告するようにしましょう。

ＦＸには危険もある？

ここまで、最低限知っておきたいＦＸの基礎知識を説明してきましたが、ＦＸには当然リスクもつきものです。為替レートの変動を見ながら分析して、通貨を売り買いするわけですが、その対応を間違えれば損をすることもあるということです。

ＦＸで大損する典型的なパターンとしては、レバレッジを数十倍に上げた状態で、対応を間違えるということがあります。前述したように、ＦＸでは複利とレバレッジを使って大きく利益を出すことができるのが魅力ではあるのですが、読み間違えたときにはその分、損失も大きくなってしまいます。

しかし、**ＦＸでは利益が出せない局面で、どこで腹をくくって損失を最小限に抑える**（損

FXは車の運転と同じ

切りする）かということを、自分で決めることができます。どれくらいの資金を使って取引するかも自分自身で決めることができます。つまり、**リスクコントロールをすることができる**のです。

ネットやテレビでは、ＦＸで破産してしまったという人が出てくることもありますが、それは明らかにその人自身が無茶な取引をしたというだけの問題であって、ＦＸが危険なものというわけではありません。

世の中の多くの人は、「ＦＸは危険なもの」「リスクが高い」「ギャンブル」というイメージを持っています。

しかし、僕からしたらこれは大きな間違

いです。まず、**ＦＸをギャンブルだと思ってやっている人は、最終的には負けてしまいます。**運よく一時的に勝つことができても、その運は長続きしません。

昔、10万円を３カ月で４億円にしたという人がいましたが、その人は結局、その翌年に全資産を溶かしてしまい、さらに前年に稼いだ４億円分の税金がのしかかるという悲劇に見舞われました。

ＦＸは、車の運転と似ています。車を運転するときには、事故に遭う可能性がまったくないわけではありません。でも、危ない場面でしっかりブレーキを踏んだり、スピードを出しすぎたりせずに、ブレーキとアクセルをうまくコントロールすれば、事故に遭う確率は低くなります。

ＦＸも同じで、ギャンブル感覚でラクに一攫千金を狙おうとするのではなく、リスクのコントロールをしながら取引をすれば、大きな損失を避けることができます。

「ＦＸで大儲けをしたい」という人は、有名トレーダーたちが何かうまい方法を見つけてドッカンドッカンと稼いでいるようなイメージを持っているかもしれません。

でも、そういうトレーダーも、最初は小さな利益から始め、それが積み重なってきた結果、今があるわけです。リスクをコントロールし、複利とレバレッジのメリットを使って、徐々に資金を増やしてきた結果、今があるというわけです。

これは決して一攫千金を狙えるギャンブルではありません。**リスクコントロールのしかたもわからずに最初から一攫千金を狙ってしまうと、一発で大きな損失を背負ってしまうことにもなりかねませんので、注意が必要です。**

ちなみに、株式投資では株を買った会社が倒産してしまうというリスクがついてきますが、FXにはよほどのことがない限りこうしたリスクはありません。投資先がなくなるということは、その国の経済が崩壊し、通貨の価値がなくなってしまうということですが、そのようなことはめったに起こりません。

また、FXを扱う証券会社が倒産した場合にも、信託保全制度というものがありますので、預けた資金は全額が保護されます。

信託保全制度というのは、FXを扱う取引会社では、投資家から預かった資金を、自分たちの財産とは分けて管理しなくてはならないという制度です。

ですから、その会社が倒産しても、他の業者や債権者に預けたお金をとられてしまうことはありません。ただし、海外の証券会社の場合には信託保全制度がないところもあるので、注意してください。

「FXは頭のいい人しかできない」のウソ

FXは、為替レートという数字を見ながら取引を行ったり、さまざまな世界の経済情報を入手して分析したりということで、「頭のいい人じゃないとできないのでは……」と敬遠してしまう人もいます。

でも、学歴や頭のよさと、FXの成績はあまり比例しません。**頭のいい人が、どれほど世界情勢をしっかり分析していたとしても、FXで稼ぐための法則を知らなければ、利益を出すことはできません。**

逆に、世界の政治や経済の動きにあまり詳しくなくても、FXでの勝ち方を知っていることで、大きく稼ぐ人はたくさんいます。

要するに、**勝ち方を知っているかどうかが重要**だということです。僕も学生時代は、常にクラスで下から3番目が定位置という成績でしたし、大学も出ていませんが、億を超えるお金を稼ぎ出すことに成功しています。

逆に、高学歴の人たちが「自分は頭がいい」という自信を持っているがゆえに、トレードの世界に仕掛けられている初歩的な落とし穴に次々とハマっていく様子も見ています。

複雑で難しい手法を使ってトレードすることができても、どんなに経済のことを知っていても、トレードで勝てなかったら何の意味もありません。ＦＸの目的は、お金を稼ぐことです。頭をよくすることや経済に強くなることが目的ではないはずです。シンプルでも正しい方法さえ知っていれば、学歴がなくても、経済のことを知らなくても、誰でも簡単に稼げるのがＦＸです。

ＦＸで誰かが大きな利益を出すということは、その分だけ、他の誰かが、あるいは複数の人が損失を出しているということになります。

つまり、**ＦＸはゼロサムゲーム**ということです。そのゼロサムゲームの中で勝っている人はわずか10％に過ぎませんが、その人たちがみな学歴の高い頭のいい人たちかと言えば、そうではありません。

また、ＦＸ投資家のほとんどが初心者や、正しい知識もなくやっている人たちですから、百戦錬磨のプロたちと戦うわけでもありません。

正しい方法で勝つことを身につけ、９割の初心者や弱者たちと戦いながら、１割の勝ち組になることを目指していきましょう。

第2章

FXで稼ぐには「マインド」が最重要！

❖

❖

❖

ＦＸで勝つ方法について、巷《ちまた》にはたくさんの本やネットの情報が溢れています。そうしたもののほとんどが、テクニカル分析の話を中心としています。

しかし、このテクニカル分析のやり方をどれだけ知っていたとしても、ＦＸで勝てるわけではありません。それは、ＦＸをやるのは人間だからです。

人間の本能というのは、実はＦＸや株という投資には向いていません。

食欲、睡眠欲、性欲といった本能というのは、人間には避けられないものです。その本能がある以上、人間は、「こういうときにはこうすべきだろう」という理屈だけで意思決定をして行動することはできません。

想像してみてください。お腹が空いて餓死しそうなときに、「今、目の前にある食べ物を食べたら、明日の分がなくなってしまうかもしれないから、我慢しよう」という考えは持ちづらいと思います。

あるいは、まだ仕事が残っているから終わるまでは寝られないという状況でも、睡魔に負けて寝てしまうという経験をしたことのある人もいるでしょう。

また、みなさんは日常の中で、感情的になることがあると思います。感情的になって誰かにひどいことを言ってしまい、後悔する。そんな経験をしたことがあるはずです。このように、人間は感情にも支配されてしまうことがあります。

ＦＸも同じで、テクニカル分析をいくら知っていたとしても、取引を行う中で、どうしてもそれに忠実に行動することができなくなることがあるのです。

ですから、**ＦＸで勝つために最も重要なこと、それは「マインド」や「メンタル」の強化です。**本章で、詳しく解説していきましょう。

そもそも人間はＦＸに向いていない!?

みなさんは、次のＡ・Ｂについて、それぞれ①か②のどちらを選ぶでしょうか。

〈Ａ〉

①１万円が必ずもらえる

②コインを投げて、表が出れば２万円がもらえるが、裏が出ればお金はもらえない

〈Ｂ〉

①必ず１万円を払わなくてはならない

②コインを投げて、表が出れば２万円を払わなくてはならないが、裏が出ればまったく払わなくていい

おそらく、Aでは多くの人が裏が出るのを避けて必ずお金がもらえる①を選び、Bではお金を払わなくてもよいチャンスを得るために、多くの人が②を選ぶのではないでしょうか。

このように、**人は利益が得られる場合には「より確実に利益が得られるほう」を選び、リスクがある場合には「よりリスクを回避できるほう」を選ぶ心理傾向があります。これを「プロスペクト理論」**と言います。

この行動心理があるゆえに、FXにおいて多くの人は、早めに利益を確定してしまったり、なかなか損失を確定できないのです。

FXで成功するには、損小利大、つまり損を小さくして利益を大きくすることを目指さなくてはなりません。ほとんどの人がその逆、損を大きくして利益を小さくする、損大利小の動きをしてしまいます。これは人間誰もが持っている本能によるものですから、人間というものはそもそも投資に向いていないということになります。

しかし、だからといって「みなさんは人間である以上、FXでは勝てません」と言っているわけではありません。なぜなら、人は誰しもこうした心理を持っているということを知っていれば、事前に対処することができるからです。

ただし、「頭で知っている」だけではいけません。頭で知っているのと、心で理解して実践するというのとでは、天と地の差があります。誰もが頭で知っていることをすぐ実践していれば、世の中から依存症というものはなくなりますし、ダイエットだって簡単にできるはずです。

ですから、**心で理解し、実践するということをトレーニングしていきましょう。**普段の生活でも、「わかっていてもやめられない」習慣や人間関係を断ち切ることを心がけるとよいでしょう。

「認知バイアス」により失敗が起こる

第1章で述べましたが、**FXトレードは、予想するものではなく対応するものです。**しかし、ほとんどの人は予想をしながらトレードを行ってしまいます。

すると、その予想が外れたときに、心理的なダメージを受けて、不要な感情やプレッシャーが生まれてしまいます。

ＦＸは、たとえばトレンドが発生しているときには、それをフォローする手法を使うというように、基本的には一定のルールに従ってトレードを行うものです。しかし、さまざまな感情やプレッシャーが入り込んでしまうと、人はつい余計なことを考えてしまい、勝手にルールを変えてしまいます。

トレンド相場のときに、「そろそろ反転するかも」と考えてしまったり、ルールでは損切りをしなければいけないタイミングなのに「もしかしたら戻るかも」と期待してしまい、結局痛い目を見る。メンタルがしっかりしていないと、このように失敗を重ねてしまうのです。

また、過去にたまたま成功した経験や、有名アナリストが言っていたことなどに振り回されて、守るべきルールを無視してトレードしてしまう人も危険です。このように、**思わず不合理なほうを選択してしまうことを、心理学では「認知バイアス」と言います。**

私たちは、この認知バイアスに日常的に影響されています。たとえば、行列ができているお店を「おいしいお店」だと判断したり、他の人がみんなイエスと言うならばそれが正解なのだろうと思ったり、必要ないものなのにセールだから「今、買わなければ損」と思って買ってしまったり。このような思考の偏り、思い込みは、人間なら誰もがやってしまうものです。認知バイアスにまったくかからずに生きていける人はいません。

こうしたバイアスにかかると、本当はもっとおいしいお店があるのに気が付けなかったり、人に流されて間違ったことをしてしまったり、不要なものを買って損してしまうことになります。もちろん、バイアスに従ってよい結果が出ることもあります。

でも、ＦＸではこのバイアスには非常に注意が必要です。

人は一度ルール違反をして、それがいい結果になってしまうと、「次もまたうまくいくのでは」と思って、再びルール違反をしやすくなってしまいます。そしてＦＸにおいては、ルール違反をしている限り、安定的に稼げることはありません。それどころか、最終的には負けてしまいます。負けた後、トレードを離れて冷静に振り返り、「どうしてあのとき買ってしまったんだろう。客観的に見ればどう考えても売りだったのに」と後悔することになるのです。

トレードで必要なのは、フラットなメンタルでチャートを見ることです。バイアスに惑わされてルールを変えてしまわないように、まずはメンタルをしっかりフラットに保つこと。これを意識しておきましょう。

デモトレードではうまくいったのに……

多くの人は、FXで勝とうとすると、技術や知識を身につけることを重視してしまいます。しかし、断言しますが、いくら技術や知識を身につけても、フラットなメンタルを持っていなければ、FXでは敗者となり市場から退場することになってしまいます。**トレーダーにとっては、心理面のコントロールが非常に重要なのです。**

FXでは、仮想のお金を使って練習ができるデモトレードというものがあります。このデモトレードは、トレードのやり方を覚えるためのものですが、ここではガンガン利益を出してうまくいってたのに、リアルトレードになったら途端にうまくいかなくなるという人も多くいます。

それは、デモトレードでは実際に自分のお金を使っていないからです。いくら勝っても負けても、デモトレードの場合は自分のお金が増えたり減ったりすることがないので、気持ちに負担がかからずに練習をすることができます。ところが、実際のトレードでは自分のお金が動くため、心理的にとても大きな負担がかかるのです。

ＦＸはチャートを見て優位性を発見し、そのルールに従って取引をすればいいだけなのですが、自分のお金を動かすという心理的負担がかかると、そのルールに従えなくなってしまいがちです。

前述の「プロスペクト理論」のとおり、利益が出せる場面では、より確実に得られることを優先して利益を小さくしてしまい、損失が出る場面では、たとえ損失が大きくなったとしても損失を出さない確率の高いほうに賭けてしまった結果、大損をしてしまう。デモトレードでは自分のお金という切迫感がないので、冷静に損小利大の取引ができていたけれど、リアルトレードではそれができなくなってしまうのです。

これは初心者だけでなく、ある程度投資経験を積んだ人でも同じです。取引する量（金額）が多くなるほど心理的プレッシャーがかかったり、損をしたくないという気持ちが強くなってしまいます。こうした落とし穴にハマらないように、**メンタル強化が必要**なのです。

大衆心理は読みやすい

テクニカル分析をするうえで使うチャートには、大衆心理が表れます。

FXの相場を実際に動かしているのは、各国の経済状況などではなく、参加しているトレーダーの心理です。トレーダーたちの欲や恐怖といった気持ちが、相場を動かしているのです。経済状況が悪い国の通貨は、「これを持っているのは不安だ」ということで売られますし、経済が安定している国の通貨なら「安心だから買っておこう」というように、相場はたくさんのトレーダーたちの感情によって動いています。

この大衆心理というのは、ひとりの心理よりも読みやすいものです。トレードをしている人がたったひとりだったら、その人がどのタイミングでエントリーをするのか、あるいはエグジットするのかということは他人にはわかりません。でも、多くの人が集まっていれば、その行動には傾向が表れてきます。

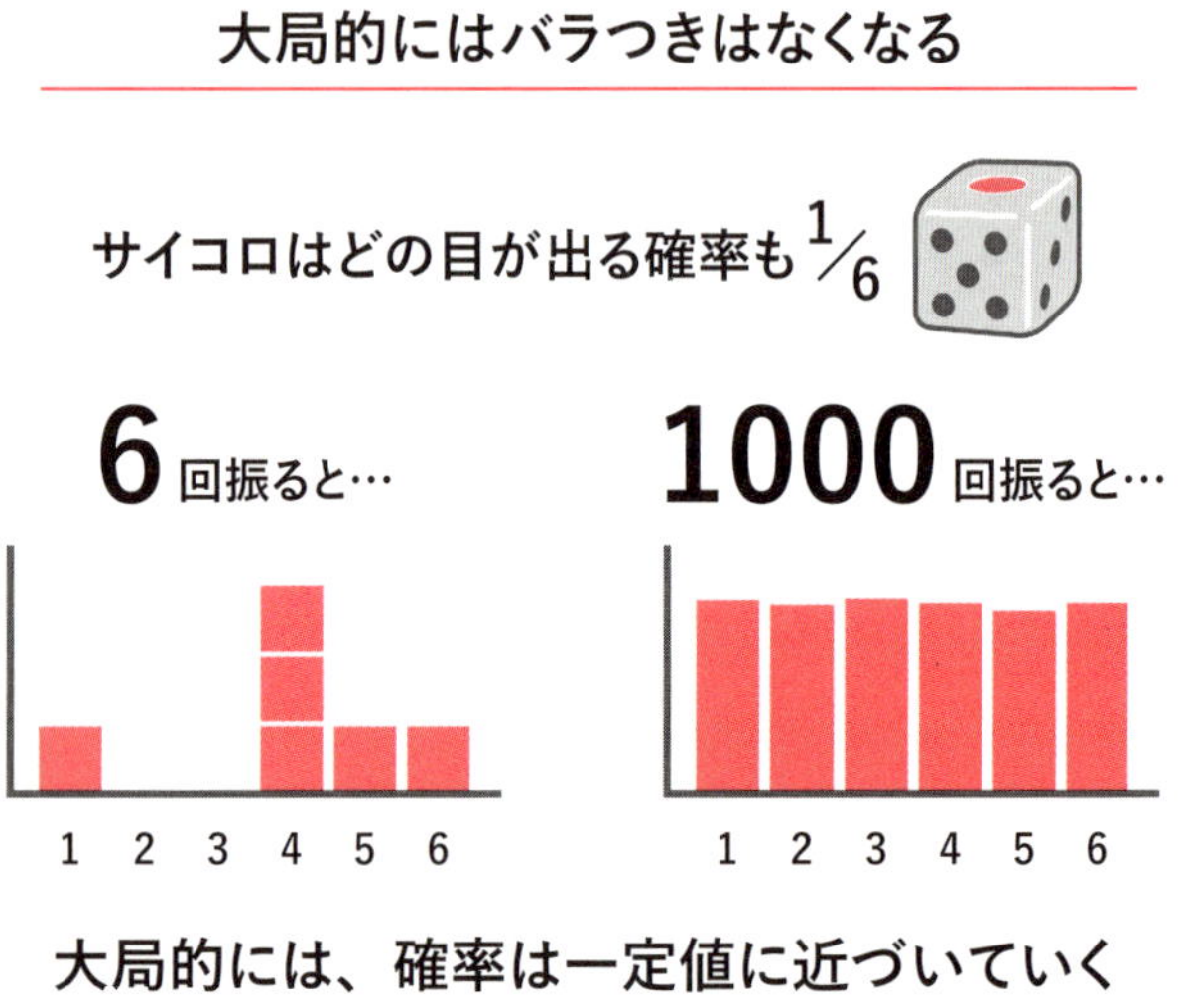
大局的にはバラつきはなくなる
サイコロはどの目が出る確率も1/6
6回振ると…
1000回振ると…
1 2 3 4 5 6
1 2 3 4 5 6
大局的には、確率は一定値に近づいていく

サイコロを振るときのことを考えてみてください。サイコロは1から6までの目が、6分の1ずつの確率で出るものです。でもたった1回振るだけでは、1から6までのどの目が出るかはわかりません。6回振ったからといって、すべての目が1回ずつ出るわけでもありません。

でも、これを100回、1000回と振っていくと、それぞれの目が出る回数に偏りがなくなっていきます。このように、**試行を数多く重ねることで、確率が一定値に近付いていくということを「大数の法則」と言います。**

ＦＸの相場もこれと同じで、トレーダーの人数が多ければ、多くの人がこう動くだろうという傾向がチャートに表れてきます。これをもとに対応すれば、ＦＸで稼ぐことが可能になるというわけです。少しでもチャートに優位性があれば、その大数の法則に則ってトレードをするほど、確率が味方をしてくれて稼ぐことが可能になるわけです。

ですから、その法則を無視してヘタに予想をして勝負をするのではなく、大衆心理をしっかり読んで、そこに対応するという考え方が大切なのです。

トレードは、通貨を取引しているのではなく、人間の気持ち（心理）を取引している。そんなふうに考えると、余裕を持ってその大衆心理を読んで対応するという心構えができるのではないでしょうか。

ＦＸは、真剣かつほどほどに！

ＦＸで成功するためには、真剣に取り組まなくてはなりませんが、同時にほどほどにするということも大切です。一見矛盾しているように思えるかもしれませんが、僕の中ではまったく矛盾はありません。

真剣かつ、ほどほどに!

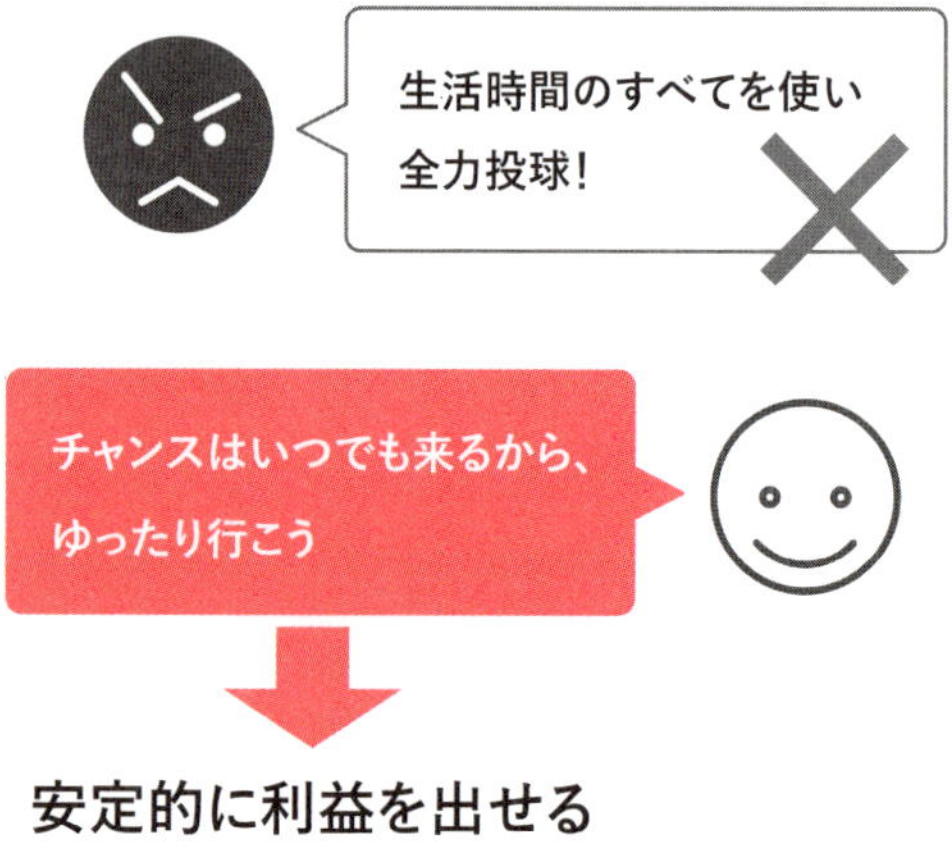
生活時間のすべてを使い
全力投球!
チャンスはいつでも来るから、
ゆったり行こう
安定的に利益を出せる

トレードで勝つためには、真剣に勉強をしてルールを守って行う必要があります。ですが、実際にトレードで稼いでいる人の多くは、毎日の生活の中でトレードのために割く時間や、トレードのことで頭をいっぱいにしている時間というのは、それほど多くありません。

それは、心や生活に余裕を持たずにＦＸにのめり込んでしまうと、ロクな結果を生み出さないからです。

僕も、ＦＸを始めた頃には「絶対に勝ってやる」「早く勝ってあれを買いたい」「豪遊したい」という思いが強く、心に焦りがありました。そのようなメンタルだったために、トレードはめちゃめちゃでした。

その頃は、どんな重要な用事があってもパソコンから目が離せなかったり、明日エグジットしようと思って夜にエントリーしてパソコンを閉じたものの、今、価格はどうなっているのか、プラスになっているのかマイナスになっているのか気になってしかたなく、またすぐに起きてパソコンを開いてしまったり……。このときの成績は、当然最悪なものでした。

逆に今は、「チャンスはいつでも来る」という余裕を持ってトレードしているので、ルール違反もせずに、安定的に利益を出すことができています。

つまり、**真剣にやりはするけれど、余裕も持つことが、勝つためには大切なのです。**相場が気になって眠れないとか、他のことが疎《おろそ》かになってしまうというのでは、もう末期です。こうなったら、今すぐにトレードを中止するべき病気にかかっていると思ったほうがよいのです。そんなメンタルでやって勝てるほど、ＦＸは甘くありません。

エントリーした後の結果は天のみぞ知る。そんな気楽な考え方が、トレードではプラスに働きます。ＦＸでは目の前で自分のお金が増えたり減ったりするわけですから、平常心でいるのはとても難しいことです。取引の量が増えてくると、余裕もだんだんなくなっていきます。それでも、メンタルと資金に余裕を持ってトレードするということはとても重要です。

このトレードで勝たなければ来月スマホ代が払えないとか、ガスや電気が止まってしまうというような状況で余裕がなくなると、トレードは絶対にうまくいきません。ですから、

真剣だけどほどほどに——これを忘れずにいてください。

第3章

教科書どおりにやっても稼げないのはどうして？

いくら知識や技術があっても、失敗する人が後を絶たないのがＦＸ。ネットや本でＦＸの教材を見て「儲かるテクニック」を知っても、誰もがうまくいくわけではありません。世界経済について詳しい人、理解している人でも、失敗する人はたくさんいます。弁護士や医者のような難易度の高い職業の人でも、市場から退場となる人が多いのがＦＸ。頭のよさとも関係はありません。

どんなに難しい方法、分析法を使っても、経済に詳しくても、学歴が高くても、勝てない人は勝てません。なぜなら、その知識や技術を使うためのマインドが整えられていないからです。

それなのに、「うまくいかない」と焦ってまた新しい知識を足していったり、別のやり方を試そうと勉強したりしても、結局はさらに痛い目を見ることになります。ＦＸをやるためのマインドがきちんとできていない状態、足元がぐらついた状態で、いくら知識や技術を積み重ねていっても、むしろ失敗するリスクは高まるばかりと言えるでしょう。

本章では、なぜ教材で教えられたとおりにやってもうまくいかないのか、その理由をお伝えしていきたいと思います。実際にやってみないと、その怖さはわからない……と思うかもしれませんが、ＦＸではこういうことで失敗が起こると知っていれば、メンタルをコントロールしやすくなりますし、よい結果に結びつくはずです。

FXは自己責任

ネットや本などで情報を集めて、そのとおりにやったのに失敗した。有名トレーダーが教えている方法でやったのに、うまくいかなかった。そんなとき、みなさんは騙されたとか、裏切られたという気持ちになっていないでしょうか。

だとしたら、それは大間違いです。**教えられた方法でやったからできなかったのではなく、自分が一面的にしかその情報を使いこなせていなかったのが失敗の原因だと考えなくてはなりません。**

トレードの基本的なやり方、勝つテクニックなどは、多くの教材が隅から隅まで詳しく解説してくれています。そのとおりにやれば、トレードはできます。ただ、実際にトレードをして結果を出すのは自分自身です。どこでエントリーするのか、どこで損切りをするのか、買いなのか売りなのか、そういうことは、最終的には自分の頭で考えなくてはなりません。

僕がどんなに「勝てる方法」を教えたとしても、みなさんのトレードと僕のトレードがまったく同じになることはありません。そのときの状況も違いますし、メンタルも違うはずです。ですから、どんな教材を参考にするにしても、勝てるスキルを学んだら、あとは自分の頭で考えていかなければならないのです。

失敗したときに、その教材が間違っていると考えて責任転嫁をして、また別の教材で試そうとする。こんなことを繰り返していたら、いつまで経っても自分自身のトレードはできず、自分の勝ちルールも見出せず、成功は遠のくばかりです。

FXは自己責任。まずは、そのことをよく理解しておいてください。

FXで失敗する2大根本原因

知識や技術があり、頭のいい人でも、FXの世界では落とし穴にハマって市場から退場となる人が後を絶たないわけですが、多くの人が失敗する理由は、大きく2つあります。

1つ目は、**「自分が正しい」と証明したいという承認欲求がある**ことです。

承認欲求というのは誰にでもあるものです。誰かに認められたい、すごいと言われたい、かっこいいと思われたい、自分の意見を尊重してもらいたい。こうした欲求は、生きていくうえで誰でも持つものです。承認欲求を持つこと自体は、悪いことではありません。でも、これがFXでは裏目に出てしまうことがあるのです。

実は僕も、承認欲求が強くて本当に苦労をしました。FXでは1回1回のトレードが自分の正しさを証明してくれるという感覚に縛られ、勝率にこだわってしまったのです。ですから、負けるというのが本当に悔しかったんですね。負けて終わりたくないので、もう一度トレードして取り返したいと焦ってしまう。うまくいくはずがありません。これで連敗すれば、さらにメンタルに大きな打撃を受けてしまいます。

でも、**トレードにおいては、勝率が10割になるということはあり得ません。どんなに稼いでいるトレーダーでも、今の僕でも、100%勝てるということはありません。**トレードは負けるのも仕事のうち、というように思えていないと、この承認欲求によって落とし穴にハマってしまうわけです。

2つ目の理由は、**「安定のニーズ」**です。

FX失敗の2大根本原因

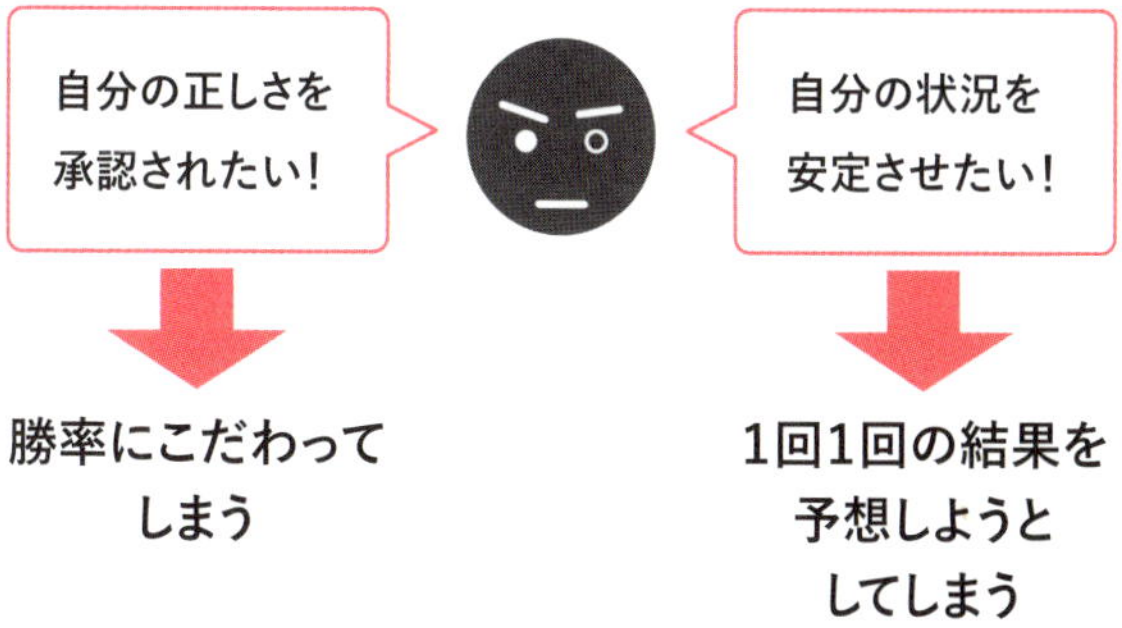
自分の正しさを
承認されたい！
自分の状況を
安定させたい！
勝率にこだわって
しまう
1回1回の結果を
予想しようと
してしまう

人間は「安定したい」と望む生き物です。毎日仕事があるかどうかわからない生活よりも、仕事が定期的にあり、収入も定期的にあり続ける生活のほうが、不安に駆られることなく生活することができるので、多くの人は組織に就職することを選択します。安定のニーズが満たされていないと、常に変化する環境にさらされることになり、恐怖や不安を感じた状態で生きることになります。

一方で、安定のニーズが満たされると、人は退屈さを感じて、その環境を変化させたいと感じることもあります。恋人同士でも、慣れてくるとマンネリに陥って、他に刺激を求めて別れてしまうという話はよくありますね。

この安定のニーズも、ＦＸではメンタル面に悪影響を及ぼしがちです。まず、安定のニーズに集中してしまうと、トレードを１回するごとに、その結果を予想しようとしてしまいます。将来を予想したうえでトレードをしたいと考えて、その１回のトレードだけにフォーカスして予想をしようとしてしまうのです。

前にも述べましたが、トレードというのは予想するものではなく、対応するものです。**自然界には何事にもルールがあるものですが、大衆心理によって動かされるＦＸも同じです。こういうときにはこうなる傾向があるというルールが、俯瞰《ふかん》してみると必ずあります。**ただ、全体としては傾向があるものの、一つひとつにフォーカスしてみると、必ずそのルールどおりになるとは限りません。

第２章でも述べたように、サイコロの目が出る確率はそれぞれ６分の１ですが、６回振ったら必ず１から６までの目が平等に１回ずつ出るとは限りません。１０００回振れば、ほとんど平等になってきますが、１回１回の結果にこだわっていると、６分の１という確率が見えなくなってしまいます。

それなのに、「リスクはとりたくない」という思いから、１回１回のトレードにフォーカスして、その結果を予想しようとすると、失敗したときにはメンタルに大きな打撃を受けることになってしまいます。

FXには、勝率100%ということはあり得ませんが、安定のニーズがあることで人はつい、リスクを避けて必ず勝ちたいという願望を持ってしまうのです。

これは人生でも同じで、たった1回のピンチで「もうだめだ、人生おしまいだ」と思ってしまう人がいますが、人生全体を俯瞰すれば、他にいいこともあるでしょうし、そのピンチの後に何かを得られることもあると気付けるはずです。

でも、1回のピンチ、1回の予想外のことに出合って、その出来事だけを集中して見てしまうと、「もうダメだ」と思ってしまうんですね。そうではなく、**何事も視野を広くして、俯瞰してみること。**これは、生きていくうえでも、FXをやるうえでも、とても重要なものの見方であるはずです。

物事を「俯瞰」するクセをつける

ＦＸでは、視野の広さが必要です。しかし、承認欲求や安定のニーズによって、多くの人がどんどん視野を狭くしてしまい、失敗をしています。

１回１回、必ず勝ちたいと思ってしまうために、そのトレードのみに意識が集中してしまうのです。そうすると、為替レートが思ってもいない動きをしたときや、勝てると思ったのに負けてしまったときに、その都度メンタルに打撃を食らうことになります。

でも、ＦＸで成功したいのであれば、そういうときこそ、視野を広げるためのチャンスだと思わなければなりません。自分の感じ方と違うことが起きたときに、それは自分に与えられたギフトだと思うことが大切です。そのときに役立つのがルールです。

１回１回の結果に振り回されることなく、それまでのトレードの中で見出してきた、「こういうときにはこうする」という全体のルールに立ち返ること。人はその場その場の状況によって物事を判断しようとすると、そのときのメンタルが判断や行動に影響を与えてし

欲求によるフィルターを外し直感を磨く

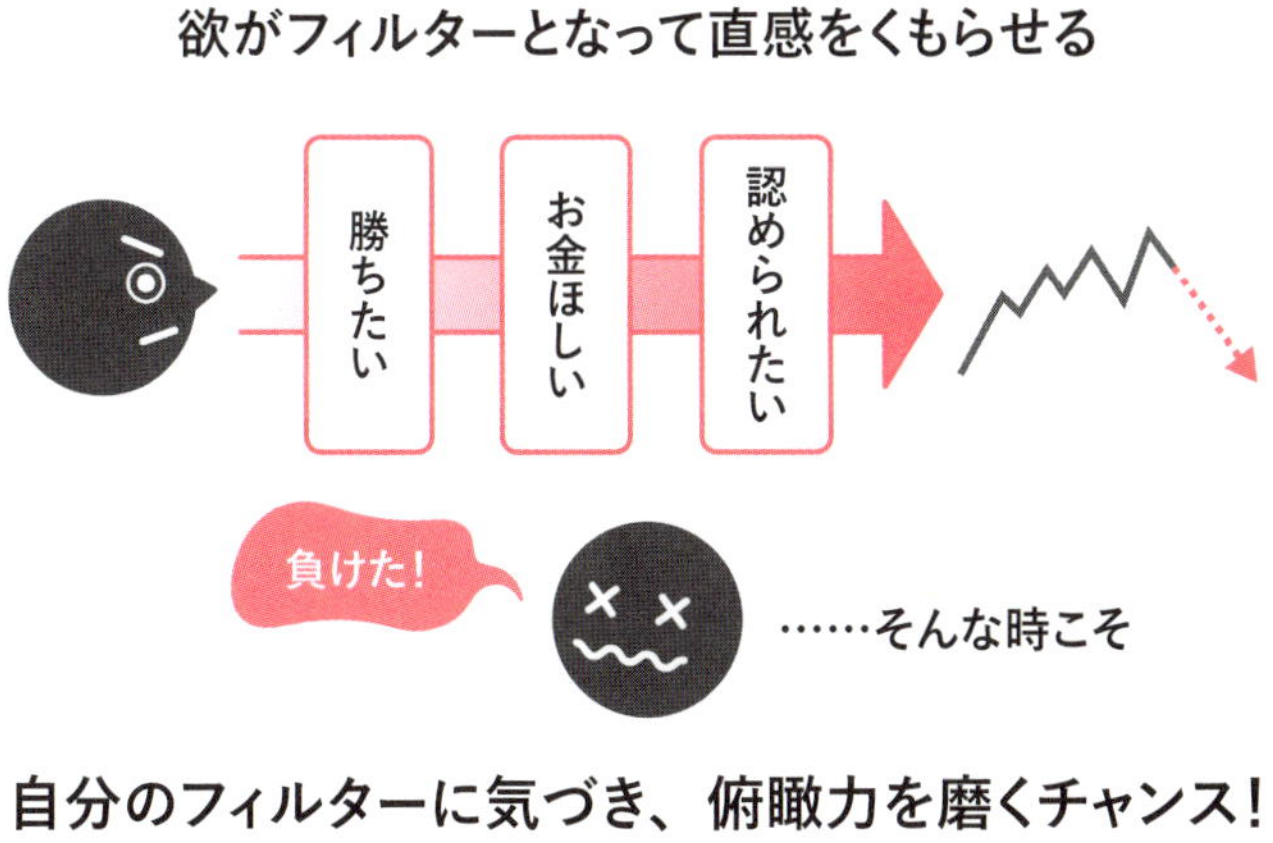
欲がフィルターとなって直感をくもらせる
勝ちたい
お金ほしい
認められたい
負けた！
……そんな時こそ
自分のフィルターに気づき、俯瞰力を磨くチャンス！

まいます。でも、全体のルールを思い出せば、その状況を俯瞰することができ、今の自分にとってベストな選択をすることができます。

こうした経験を繰り返していくと、人は自分の直感を信じられるようになっていきます。

メンタルが負の方向に傾いている状態では、人はものの見方にバイアスをかけてしまいます。見えているものにフィルターがかかり、真実がねじ曲げられてしまうため、自分の直感や感じ方が、後になって「間違っていた」と気付くはめに陥ってしまいます。

でも、そうしたフィルターに惑わされずに、物事を俯瞰して、全体のルールに則って判断や行動をしていれば、その直感や感じ方にはフィルターがかかっていないので、後から「間違っていた」となることはめったにありません。そうして、自分の直感を信じられるようになっていくのです。

トレードにおいて利益を出すためには、直感を使えるようになることがポイントとなります。初心者にはできませんが、経験を積んでいくと、「今、このときだ」という直感がついてくるようになります。その直感を信じられるかどうかはとても重要です。

エントリーするのを躊躇して、優位性のあるタイミングに来ているのに、「うーん、これはどうかな、大丈夫かな」と長い時間チャートを眺めているような状態では、成功はありません。メンタルにバイアスをかけず、いかにルールに則って直感に従い、トレードすべきタイミングで動けるか。そのためには、**自分の直感を信じられるように、物事を俯瞰してみるというクセをつけておく必要があるのです。**

「ポジポジ病」という落とし穴

トレードをするとき、明らかに優位性が見えているのに「どうしよう」と躊躇してしまうのもよくありませんが、逆に、「とにかくポジションを持っていたい」と、よく考えもせずにエントリーしてしまうのも、失敗する人にありがちな行動です。

優位性のある場面というのは、そう頻繁に現れるわけではありません。パソコンを開いても、トレンドが出ていない、レートが乱高下している、レンジ相場になっているということも多いわけです。そういうときでも、目先の小さな動きに飛びついてすぐにエントリーしてしまうのは、よくありません。

トレードしようと思ってパソコンを開いたからには、何かトレードしないと気が済まない。ポジションをくれ、ポジションをくれと、常に売りや買いのエントリーをしてポジションを持っている状態じゃないと落ち着かない。こういう状態を、僕は**「ポジポジ病」**と呼んでいます。

このポジポジ病になってしまうと、パソコンを開いて目に入ったチャートだけを見て「上昇してるから今すぐ買わなきゃ！」と、全体を俯瞰することもなく目先の動きだけでエントリーしてしまいます。**何かエントリーする理由をその場で探して、トレードしようとしてしまう**のです。それで、失敗する。失敗するから、自分の直感を信じられなくなる。そういう悪い循環に陥ります。

トレードは直感に頼って行うものですが、その前にきちんとチャートを俯瞰してみること。その中で、優位性のある場面を見つけたら、ルールに従ってエントリーする。そのように、目先の動きに左右されないことが、ＦＸの鉄則です。

ですから、トレードをしようと思ってパソコンを開いても、「トレードをしない」という判断をすることも当然あります。そういうメンタルの余裕を持たなければ、勝つことはできません。

ＦＸは確率論で考える

ＦＸは、１回１回のトレードで必ず勝つ、つまり勝率１００％を目指すものではありません。ですから、**一つひとつのトレードに固執しないということが大切です。**これは、ＦＸに向けてメンタルを整えるときに、大前提となる考え方です。

前回の負け、今回の勝ち、というものは、次のトレードには何の影響ももたらしません。

サイコロを振って1が出たからといって、次に1が出る確率が下がるかといったら、そうではないのと同じです。サイコロでどの目が出るかというのは、毎回6分の1の確率になっているはずです。

でも、多くの人は前のトレードに引きずられて次のトレードを考えてしまいます。僕も最初はそうでした。

たとえば、プラス20ｐｉｐｓで利益を確定すべきサインが出ていたのに、前回のトレードではマイナス30ｐｉｐｓの損失が出ていたために、それを取り戻そうとして無理に粘って、結局マイナスになってしまう。そんなことが僕にもよくあったのです。

逆に、マイナス20ｐｉｐｓで損切りをしなくてはならない場面で、前回はプラス１００ｐｉｐｓで勝ったから、もう少し損切りを粘っても大丈夫だと思って、結局マイナスがさらに大きくなってしまうということもありました。

このように、前回のトレードに固執してしまうと、利益確定をするタイミング、損切りをするタイミングを逃してしまい、結局損失を大きくしてしまうことになるのです。

こういうことにならないようにするためには、**ＦＸは確率論で考えるということ、勝率**

100％にはなり得ないということを、肝に銘じておかなくてはなりません。

気にするべきは、目の前の1回のトレードや、過去1回、2回のトレードではなく、1週間単位、1カ月単位の収支です。1週間、1カ月とやってみて、プラスの収支になっていない場合には、何かがおかしいので、いったんトレードを中止して、教材を見直したり、デモトレードをやり直してみる。過去のチャートでトレードを練習できる検証ソフトを使うのもよいでしょう。それらを使ってもう一度練習してから、リアルトレードに戻る必要があります。

ＦＸはギャンブルではありませんから、**負けトレードも仕事のうちと考えて、トータルでの収支を考えていくことが大切です。**ポジションを持っていないと時間を無駄にしているように感じたり、ポジションをとった直後にそのエントリーを後悔したりしながら、その行為の正当性を必死に探す……そういうのは、本当に余計なことです。

「シンプルイズビューティフル」に考える

多くの人は、ＦＸに慣れてくると、ネットや本などの教材を見て、複雑なテクニックを使ってみようかと考えます。もう少し難しい方法でやってみたら、もっと稼げるのではないか、初心者にはできない複雑なやり方を身につければ一攫千金を狙えるのではないか、と……。

しかし、ＦＸでは複雑さが崇高であり、稼げる近道だというのは大きな間違いです。なぜなら、複雑なことをやろうとすると、感情が入り込む余地が増えてしまうからです。トレードで勝つためには、ルールに従うロボットのように動くことが必要です。そして、そのルールがシンプルなほど、感情が入り込む余地が少なくなります。ですから、**大切なのはシンプルイズビューティフルという考え方です。**

余計なことはせず、事前に決めたルールに従って、淡々とトレードをするのがＦＸです。ＦＸで稼ぐためには、ゲームのように「もっと刺激がほしい」「勝負してみたい」と考えるのではなく、**FXを仕事と考えて、ルールどおりに行動をしていかなくてはなりません。**その仕事の対価として、お金がもらえるというわけです。

ところが、このシンプルなルールに従うことを退屈に思う人もいます。自分の能力を過信してしまう人もいます。そして、余計なことをしてしまう人が本当に多いのです。

たとえば、「今回このやり方を試すとうまくいきそうだから、ちょっと多めにポジションをとっておこう」「このやり方だとちょっと自信がないから少なめにしておこう」と、新しい手法をあれこれ試しながら取引の量をそのときどきで変える、といった行動。まったくダメとしか言いようがありません。

トレーダーの自信のあるなしは、FXの勝ち負けにはまったく関係のないことです。そして、100%勝てるということは、FXではあり得ません。そういう謙虚さを持っていればあれこれ余計なことをする必要はないはずなのですが、ルールから外れることをいろいろ試して、その都度「今回はこのくらいで……」と余計なことをしてしまう人が多いのです。

余計なことをしてルールを乱し続けると、いずれは正しいルールに戻ることができなく

FXはシンプルイズビューティフル

少し慣れてくると…

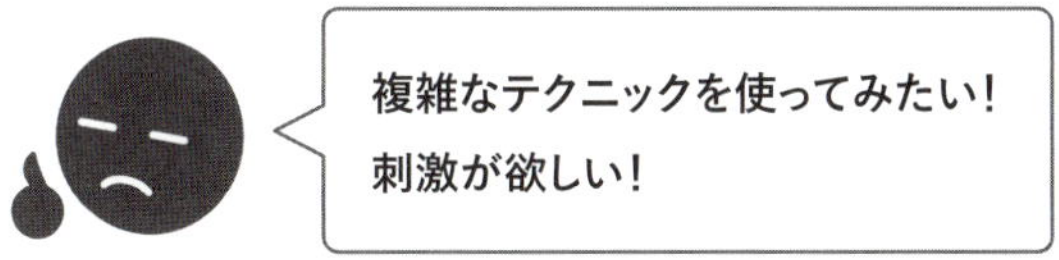
複雑なテクニックを使ってみたい！
刺激が欲しい！

工場での大量生産と同じく、多少の誤差や不良品が出ても、全体として好成績をめざす

ルールヲ愚直ニ
守ルコトガ大事！

なってしまいます。ポジションを多めにとって、損切りすることになった場合、その損を取り返そうと次はさらに大きくポジションをとろうとします。取引量を少なめにして利益が出たら、今度は「もっと大きくポジションをとっておけばよかった」と後悔して、同様にさらに大きくポジションをとろうとします。そんなことを続けていたら、先には転落が待っているだけです。

　他にも、明らかにサインが出ていて、ルールどおりにトレードするなら即エントリーすべきなのに、いつもは見ないネットの情報に振り回されて「ちょっと待とう」とタイミングを逃してしまったり。いつものルールなら買い注文を出すはずなのに、どこかのアナリストが「売り」と言っているからと売り注文にしてしまったり。損切りするタイミングなのに「今回はいつものやり方と違うから特別」と引き延ばしてしまったり。こういったことは、すべて最悪としか言いようがありません。

ＦＸというのは、退屈だと感じても、ルールを愚直に守ることが重要なのです。やっていることは工場の流れ作業と変わりません。工場で製品を大量につくるときには、多少の誤差や不良品が出てくることはありますが、基本的にはきちんと機械システムが設計されていて、ルールに則ってそれが動かされているはずです。その日のオペレーターの気分によって操作が変わるということはないはずです。ＦＸもそれと同じで、余計なことをしてはいけません。

もし、創意工夫を発揮したいのであれば、事前にルールを決める段階で発揮するべきです。工場の機械も、機械ができあがっているのに創意工夫をその日その日で付け加えていたら、きちんとした製品をつくることはできなくなってしまいます。

トレードの最中は、ルールを守ることに集中する。それができずに情報や感情に振り回されるのは、愚の骨頂です。

FXはゼロサムゲーム

みなさんは、何か戦いを挑むときに、プロと戦うのと、初心者と戦うのと、どちらのほうが勝率が高いと考えるでしょうか。たとえば相撲で勝負するときに、横綱白鵬と戦うのと、一般人と戦うのと、どちらがいいですか？

当然、一般人のほうが、勝てる確率が高いですよね。白鵬と戦っても、まず勝てることはありません。

FXにおいても、この考え方を持っておくことが重要です。FXの世界では、ほとんどが初心者や正しい知識がない人。ですから、この初心者と勝負をすれば、あなたの勝率は上がるわけです。プロと戦おうと思う必要はありません。

FXは、間違いなくゼロサムゲームで成り立っています。株式投資なら、投資した会社の業績がよければ株価が上がり、投資した人たちすべてが利益を出すことができます。でも、FXは違います。勝つためには、負ける人をつくらなくてはならないのです。

通貨間のレートによって利益や損失が生まれるFXでは、誰かが利益を出していれば、その分誰かが損失を出しているわけですから。自分が勝ったということは、その裏には負けた人がいて、その人から自分は資金を奪ったということになります。その相手が近所のおばさんなのか、隣のアパートの若者なのか、地球の裏側に住むブラジル人なのかはわかりませんが、奪ったといっても顔が見えない分、罪悪感は少ないはずです。

ＦＸはゼロサムゲームであるという考えをきちんと持っていると、おのずとやるべきことはわかってきます。

それは、**初心者がやりそうなことを避けて、プロがやりそうなことをやりながら、かつプロと戦おうとはしないということです。**

戦場に入らなければならないとき、何も武器を持たずに丸腰で行くというのは無謀な話です。ＦＸでも、いかにも「初心者です」と、何も武器を持たずに、ネットや本から得た情報だけで乗り込んでいっても、初心者同士で命を削り合うだけです。そうではなく、**「初心者がやりがちなこと」をやらないようにして、自分が持っている武器で勝てる相手と戦って確実に勝つということを、意識しなくてはなりません。**

そして、戦いにおいて必要なのは、武器をむやみやたらと振り回すことではなく、きちんと防御を固めておくこと。資産を防御したうえで、経験の浅い初心者と戦って着実な利益を出すこと。

百戦錬磨のプロをやっつけて、億万長者になってやろう……。そんな無謀な戦い方を挑む人は、ＦＸではすぐ返り討ちにあって市場から退場させられてしまうでしょう。まずは、退場することなく、リスク管理をしながら着実に利益を生み出していくこと、それが結局は億万長者への近道となります。

知っておこう！ ＦＸで負ける人の特徴

ここまで述べてきたように、ＦＸで負ける人には、いくつかの特徴があります。初心者や、ちょっと慣れてきた人が陥りがちな罠というのは、実にたくさんあります。ゼロサムゲームの中で生き残るために、そうした「負ける人にありがちな行動」をしないよう、ここでまとめておくので頭に入れておいてください。

【負ける人の特徴】

▽逆張り思考

逆張りというのは、トレンドの方向とは逆の動きをするということです。

つまり、為替レートが上がっている上昇トレンドのときに、売りの注文を出す。逆に下降トレンドのときに買いの注文を出すということです。

初心者は特に、逆張りではなくその逆の順張りをしろと本などに書かれていますが、そのとおりです。レートは、トレンドの方向を継続しやすい傾向にあるため、順張りのほうが勝ちやすいのは当然です。

でも、「一発逆転もあるかも！」と余計なことを考えて逆張りをしてしまう人がいます。**FXはギャンブルではありませんから、そんな「もしかしたら」を考える必要はありません。**純粋に、傾向に従ってトレードをするのが利益を着実に出すための基本です。

▽天底をとろうとする

天底というのは、天井と底のことです。上昇トレンドのときの最上値、下降トレンドの

天底をとりに行ってはいけない

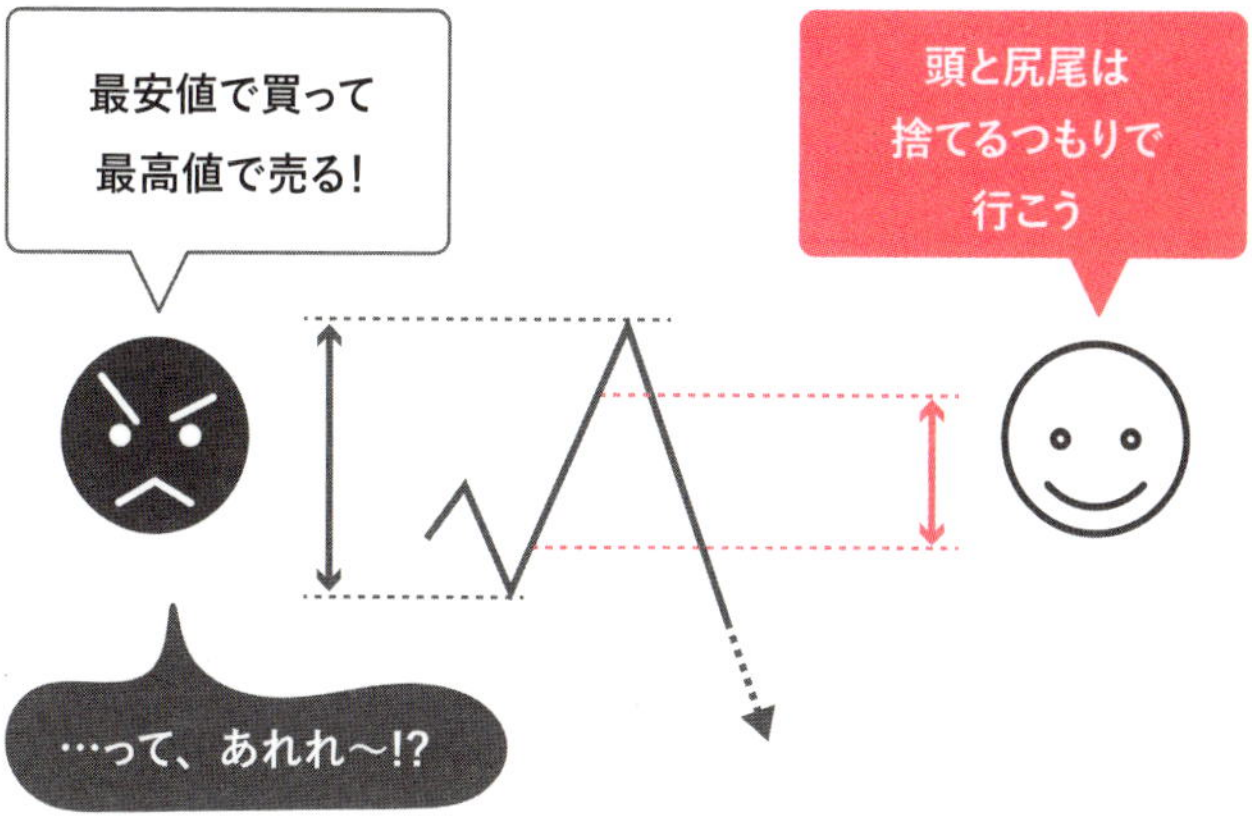
最安値で買って
最高値で売る!
頭と尻尾は
捨てるつもりで
行こう
…って、あれれ〜!?

ときの最低値を狙ってトレードをして、利益を最大に膨らませようとするのが、天底をとろうとする行動です。欲張りな考え方ですね。

これがうまくできるのなら別にいいのですが、天底をとるというのは、どんなスーパートレーダーであっても、何百億と勝っているトレーダーであっても、不可能です。**誰にも、どこが天井でどこが底かというのはわかりません。**

初心者にありがちなのが、たとえ勝ったとしても、その利益幅をもっととれたのにと思って損した気分になってしまうことです。しかし、このような考えではトレードはうまくいきません。プラスになったことをまず喜び、ルールどおりにやって利益をとれた自分を褒めてあげるべきです。

▽落ち着きなく余計なことをする

自分がドル円でトレードしているのに、まったく関係のないユーロドルやオージードルのレートを見てみたり、自分が持っているポジションに有利な情報を探してみたり。そういう**余計なことをして、自分がルールを破ることを正当化しようとする人がいますが、これもトレードには不利に働きます。**

たとえばドル円でトレードをしていて、予想に反してレートが下がってしまい、損切りをすべきポイントに来ているのに、今までまったく見たこともなかったＦＸの情報サイトを見て、ドル円が上がるという情報を探し出して損切りのタイミングをずるずる先延ばしにする。「この人がこう言ってるんだから、まだ損切りしなくていいだろう」と、余計なことをして損失を拡大させてしまうのです。

▽ナンピンをする

ナンピンというのは、損切りをしなければいけないのに、さらに追加の取引をしてしまうことです。漢字では「難平」と書き、「難」を「平均」にするということを表しています。つまり、損失を抱えているのにさらに取引をして、「平均買いコスト」を下げようとするという意味です。

たとえば、1ドルを100円で買った後に、98円までレートが下落してしまった場合。利益を出すには、相場が再び100円まで戻ってこなければなりませんが、そのときに今度は98円で最初と同じだけドルを買えば、もし価格が99円まで戻ってきたら、利益はプラスマイナスゼロになります。

このように、新たにポジションを追加して、そこで利益を出すことで、さっきの損失と合わせてプラスマイナスゼロにするというのがナンピンです。

ただ、ナンピンをしてさらに価格が下がったら、損失は倍増します。**ナンピンをずっとしていると、いつかは必ずレートが戻らず痛い目を見ることになります。**それまでナンピンをして99回勝っていても、100回目で資産が全額溶けてしまい、FX市場から退場してしまったという人は本当に多いのです。**ナンピンだけは絶対厳禁、やってしまったらト**

レードを1週間休むくらいの意識を持ってください。

▽ハイレバレッジの取引

持っている資金に応じて、取引をする量は決まっています。この資金管理については第4章でまた詳しく説明しますが、FXで大敗してしまう人の特徴のひとつとして、自分の資金に合わない量で取引をするということも挙げられます。

早く大金を稼ぎたい、前の取引で負けたから次の取引で大きな額を取り戻したい、連敗して負けた分を一発で取り戻したい。そんなふうにハイレバレッジで取引をする人がいるのですが、これも危険です。

実は僕も、初心者の頃にはこれをよくやってしまいました。3連敗した後に、その3回分の損失を取り戻そうとして、大きな額で取引をするのですが、これで負けてさらに資金を大きく減らしてしまう……。これは大変危険です。**資金管理をきちんとできない人に、FXをする資格はないと考えてください。**

▽常にトレードをしていないと落ち着かない

本章で先に「ポジポジ病」について述べましたが、常にトレードをしていないと何だか損をしたような気分になってしまい、「このタイミングで取引をする」という自分のルールを守れなくなってしまう人がいます。

資金がある状態で、パソコンの前でレートの動きを見ていると、「こんなふうにレートは動き続けているのに、どうして自分はトレードしないで資金を寝かせたままでいるんだろう」というような気分になってしまうのです。

しかし、こういう気持ちになるのは危険信号です。ポジポジ病になってしまうとルール違反を重ねて、そのうち退場に追い込まれてしまうでしょう。**ＦＸは、トレードのタイミングを待つのも仕事のうちです。**

▽１回１回のトレードですべて勝とうとする

トレードというのは、すべて勝つことを目標にしてはいけません。

損小利大にすればプラスになるわけですから、10回中６回、７回勝てばいいわけです。

FXで負ける人の行動

焦りや細かいハンドル操作はフラつきや事故のもと!

10回中5回の勝ちでも、残り5回の負けで損失を最小限に抑えて、勝った5回で利益を出せていればよいのです。

投資市場というのは1割の勝ち組と9割の負け組で成り立っていますが、1週間のうちにプラス1000円しか利益が出なかったとしても、利益を出している時点でその人は1割の勝ち組に入るわけです。

ですから、1回1回すべて勝とうとするのではなく、1週間、1カ月単位で見て利益を出していくことを考えればいいのです。1回1回すべて勝とうとすると、次第に平常心を失って勝てなくなってしまいます。

▽急騰、急落ですぐに取引をする

レートを見ていて、一気に値が上がったり下がったりしたときに、「これは買わなきゃ」とすぐ取引をする人。このチャンスを逃したら損だと、すぐ飛びついてしまう人。こういう人も危険です。

寝ている間にレートが急騰、あるいは急落していて、起きてパソコンを開いたときに「チャンスを逃してしまった」と損をしたような気分になってしまう人も多いのですが、FXではそんなことはしょっちゅうです。大きな値動きが起こるたびに気にしていたら、FXトレーダーとして安定的に稼いでいくことはできません。チャンスはいつでも来るのに、**1回でもチャンスを逃したら損をした気分になってしまうという欲張りで落ち着きのない人は、FXで成功することは難しいでしょう。**

FXで勝てる人に共通する特徴

FXで勝てる人というのは、先ほど述べた負ける人にありがちな行動をしない人ということになります。

くどいかもしれませんが大切なことなので、こちらもまとめておきます。

【勝てる人の特徴】

▽トレンド思考

負ける人は逆張り思考をしがちですが、トレンドに対して従順にトレードをすること、この基本を忘れてはいけません。

上昇トレンドなら、買いポジションを持つということ。**余計なことをせず、基本に忠実にいきましょう。**

FXで勝てる人の行動

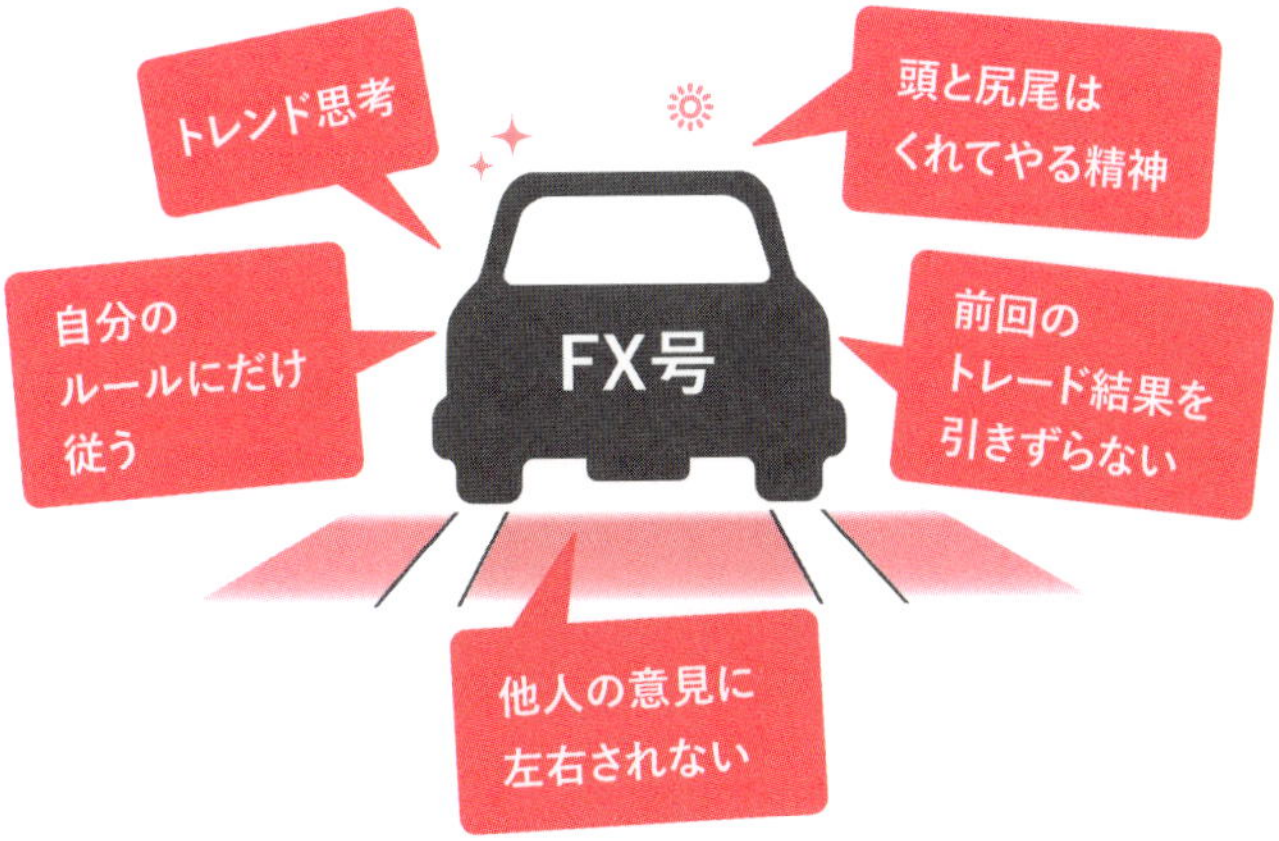

▽頭と尻尾はくれてやる精神

　レートが上がり切ったところ、下がり切ったところ、つまり天底をとろうと狙って失敗する人は多いのですが、大切なのは「頭と尻尾はくれてやる」という精神です。

　天底は誰も予想することはできないわけですから、そんなところを狙わずに頭と尻尾はあげて、美味しい中身だけをいただきましょうという心構えです。僕もこれを理解できるようになってから、飛躍的にＦＸの成績が伸びました。

　人間には欲というものがあり、勝ったとしても「もっと大きく利益を出せたのに」と後から損した気分になってしまうものなのですが、**天底をとるというのはそもそも無理なので、中身の部分で利益をとればＯＫと考えてください。**

▽自分のルールにだけ従う

自分で決めたルールを守り、それ以外の余計なことは一切しない。急に取引する量を変えたり、損切りの基準を変えるなど、そうやってルールを一貫して守れない人は、ＦＸで勝つことはできません。

ルールを決めたら、そのルールに従い続け、もし全然勝てないようであれば、そのルールを見直すためにデモトレードやトレード練習ソフトなどを使って検証してみればよいのです。**ルールを守れる人が、ＦＸ勝者の特徴なのです。**

▽他人の意見に左右されない

他人の意見にすぐ飛びついてしまう人というのは、自分を信じ切れていません。

買いのサイン、損切りのサインが出ているのに、「ネットで有名なアナリストがこう言っていたから……」と振り回されてしまい、自分のルールを遂行できない人はダメです。

他人の意見は参考程度に聞き、あくまでも自分のルールを信じてトレードをするということが大切です。

▽トレードを確率で考える

1回1回のトレードの勝敗を気にしない人には、余裕があります。

トータルでプラスになることを目指し、3連敗してもその連敗で損失を小さく抑え、次に5連勝して利益をとる。時には5連敗しても焦ることなく、1カ月トータルで利益を出せるように行動する。

1回1回100%勝とうとせず、**トータルでプラスになればいいと考えてトレードできる人が、勝ち組の1割に入ってきます。**

勝率100%などあり得ないと言われれば「それもそうだな」と感じると思うのですが、これは頭で知っているだけではダメで、心から理解していないとすぐに落とし穴にハマってしまいます。

▽前回のトレード結果を引きずらない

前回のトレードではマイナス50ｐｉｐｓだったから、今回は50ｐｉｐｓ以上の利益をとろうというように、前回のトレードを基準に決済のタイミングを決めてしまうのは危険です。

30ｐｉｐｓで利益確定のサインが出ているにもかかわらず、前回のマイナス50ｐｉｐｓを取り戻すため、もう少し待ってしまう……。こういうふうに前回のトレードに引きずられないで、サインが出ている時点できちんと取引ができる人が、ＦＸでは成功していきます。

前回のトレードと今回のトレードはまったく無関係であり、チャンスはまた何度でも来ると思って、大きく構えていることが重要です。

▽常に謙虚な姿勢でいる

すべてのチャンスを自分のものにしないと気が済まないという人は、1回のチャンスを逃したことで損したような気分になって慌てます。

しかしＦＸでは、チャンスは何度も訪れます。ですから、すべてとろうとせず、自分がとれるチャンスだけとればＯＫ。そう思って、食事を楽しんだり、しっかり睡眠をとったり、ＦＸ以外の時間も大切にできるというのが、ＦＸで勝てる人の特徴です。**チャンスをすべてとろうと思うのは、傲慢以外の何ものでもありません。謙虚な気持ちを大切にしましょう。**

第4章

FXで稼ぐためのリスクを知ろう

優秀なトレーダーは、過去のデータ上に一定の確率、優位性を見出して、そのルールに則って淡々とトレードを行使しています。そういうトレーダーでも、連敗することは多少はあります。でも、トータルで見れば右肩上がりの収支になっているわけですから、連敗をしても焦ることはありません。

ＦＸの経験を積んでいく過程で、まとまった額のマイナスが発生してしまう場面というのは確実にあります。それは、稼げるトレーダーに対して市場が与える試練とも言えます。

❖　❖　❖

そんなときには、たまたま確率的にあり得る範囲で起こった負けに過ぎないのか、それとも市場そのものが変わりつつあり、自分のルールがそこに適応できていないのか、自分の手法そのものを見直す時期に来ているのか、そうしたことを真剣に分析、研究しなくてはなりません。それができなければ、市場からは退場させられてしまいます。

ＦＸは確率論で考えなければなりませんから、毎回１００％利益を出せると思ってトレードをしてしまうと、失敗したときにメンタルに大きな痛手を負い、それ以降勝てるものも勝てなくなってしまいます。

リスクはつきもの。これを踏まえたうえで、淡々とトレードできるかどうかが、勝者と敗者を分けるのです。

ここでは、どんなに優秀なトレーダーや経験を積んだトレーダーでも、受け入れなければならないリスクと、それをどのように受け入れ、対応すべきなのか、いくつか重要なポイントをお伝えしていきます。

「負け」は潔く認めること

ＦＸで負けが続いてしまったり、まとまった額のマイナスが発生してしまったり。これはどんなトレーダーにも起こることです。そこで「もうダメだ」と思ったり、「こんなはずはない」と焦ってしまうと、それは市場からの退場へのきっかけとなってしまいます。大切なのは、これを試練と思って立ち向かい、的確に対応していくことです。

市場から与えられた予測不能な試練に立ち向かえるかどうかは、２つの要件を持っているかどうかによって決まります。それは、**変化に対応するための方法論的な柔軟性を持っていることと、どのような変化も受け流すことができるだけのメンタル的な余裕を持っているということです。**

特に、後者のメンタルの面では、「潔く負けを認める」ことが重要です。ＦＸでは、ルールどおりにやって負けたのであれば、その負けを認めて受け入れなくてはいけません。むしろ、負けたとしてもルールどおりにできた自分を、褒めるくらいでちょうどいいのです。

負けを認めて長期的成功へ

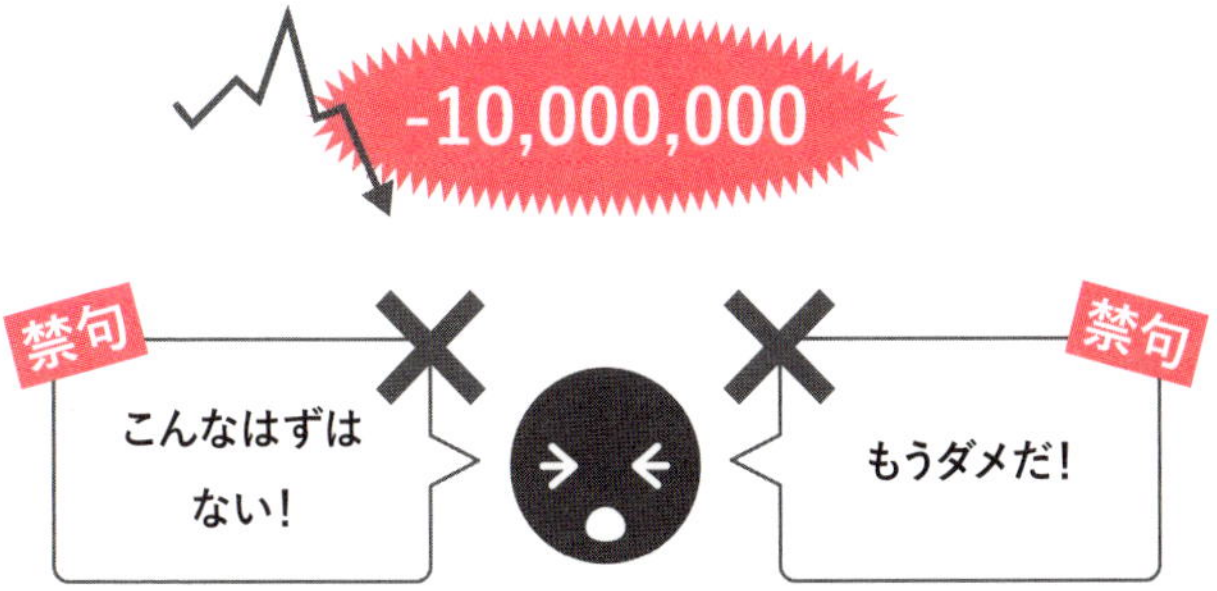

試練と思って立ち向かい、
的確に対処していく

逆に、ルール違反をして勝ったとしても、それはFXの世界では結果的には負けとなります。ルール違反をして勝つクセがついてしまうと、それはもう最悪です。そのうち、勝てなくなるどころか大敗をし始めて、市場から退場を食らうことになってしまいます。

FXにおいて焦りは禁物です。相場は、トレーダーの焦りとは何の関係もなく動いています。焦ったところで、状況がその焦りに合わせて動くようなことは絶対にありません。負けたことで焦り、ルール違反をしてたまたま勝てても、ルールが見えなくなっている時点で、そのトレーダーはすでに相場を冷静に見る目を失っていることになります。

もし、ルール違反をして勝ったとするならば、そのトレーダーは自分は負けたと思わなくてはなりません。その際には、自分に罰を与えてください。3日間、1週間トレードを休むというように、頭を冷やす時間が必要です。

大切なのは、市場から退場することなくルールどおりにトレードをやり続けること。退場をせずにルールどおりにトレードを続けていければ、FXでは自然とお金が増えていくのです。しかしルールに従えなくなり、目先の勝ち負けだけにこだわるようになったら、もうFXで勝つことはできません。そのことを、しっかり心に刻んでおいてください。

コントロールできないことに時間を割くな！

僕たちが日々の生活を送る中では、さまざまな不幸や危機的状況が降りかかってきます。すべてが順風満帆で、嫌なことやピンチはひとつもないという人はいないはずです。

しかし、そんなときに、その不幸や危機的な状況をどう捉え、どう対処するのか、どのように行動するのかによって、その出来事はストレスになるのか、未来に向けてプラスの材料になるのかが決まります。

おおよそ不幸やピンチは、自分にはコントロールできないところから発生してきます。そのコントロールできないことに集中して、ストレスをためたり怒ったりする人は、ＦＸに向いていないかもしれません。

たとえば、新人の部下が昨日も今日もミスをして、尻ぬぐいをすることになってしまったとします。そのときに、大きなストレスを感じたり、怒ったりしていると、さらに無駄な時間と労力が費やされることになります。でも、最初から新人はミスをするものだと思っていれば、淡々と対処ができますし、あらかじめ「こういうミスが起きたらこうすればいい」と対処法を決めておくこともできます。

電車が遅延したときに、怒りを感じて駅員さんに文句を言う人がいますが、文句を言ったところで電車が早く来ることはありません。ストレスをためるだけ無駄なのです。一方で、電車は遅延することもあるとわかっているから、いつも余裕を持って家を出るという人もいます。

好きな人がいるけれど、全然振り向いてもらえず、ＳＮＳでメッセージを送りまくったり、行動を監視したりと、ストーカーのようになってしまう人もいます。そういう人が愛しているのはその相手ではなく、実はその相手を好きな自分自身だったりするのですが……。自分が好きな人が必ずしも自分を好きになってくれるとは限らないと知っていれば、そんな迷惑をかける行動はしませんね。

世の中には、自分にはコントロールできない物事がたくさんあります。でも、それを理解できていない人がたくさんいます。自然界は、僕たち一人ひとりがコントロールできるものではありません。自分がコントロールできないものにいくら時間や労力を使っても、無駄なのです。

それならば、**コントロールできる「自分のあり方」を変えたほうが、よっぽど効果的でストレスも少なくて済むはずです。**ＦＸでも、市場をコントロールすることはできません。でも、自分自身をコントロールすることはできます。まずはそのことを覚えてください。

「コントロールできること」に注力せよ！

ＦＸでも、自分がコントロールできないことに対して、カッカと熱を上げて頑張ってしまうトレーダーが非常に多くいます。でも、頑張るところが違うんですね。

僕たちが売りポジションを持ったときに、「レート下がれ！」と願っても、下がるわけがありません。買ったときに「上がれ」と唱えても、魔法のように上げられることもありません。どれだけ強く願っても、それはできないのです。

ＦＸ市場においては、相場が主人で、僕たちは客に過ぎないのです。僕たちは、主人が言うことに付き従うしかありません。そして、主人が何を思い、どう動くのかということも、予想することはできません。要人による発言やテロなどで、相場が急に動くこともあり得るわけです。

僕たちにコントロールできるのは、どのタイミングで、どれくらいの量で取引をするのか、どこで損を切るのか、どこで利益確定するのか。そういう、僕たち自身の行動です。

そして、その自分自身の行動が、市場で起こった不測の事態に簡単に振り回されているようでは、ＦＸで成功することは難しいのです。

「なんでこうなったんだ」「早く取り戻さなきゃ」とストレスや怒り、焦りをためて、そのメンタルで行動をしてしまうと、すぐに大きな失敗をすることになってしまいます。好きな人に「なんで返信をしてくれないんだ」と次から次へとＬＩＮＥでメッセージを送りつけて、むしろ嫌われてしまうのと同じです。

コントロールできない物事に対してどうにかしようとするのは、日常生活でもＦＸでも、無駄でしかありません。そういうことに時間や労力を割くのではなく、マイナスの事態も起こり得るのだということを最初から理解したうえで、そのときに自分はどうしたらいいのか冷静に考えること。**無駄な行動をせず、コントロールできるものだけに集中するということ。それがリスクをコントロールするということです。**

損切りは粛々とせよ！

ＦＸを始めたばかりの人が見落としがちなこととして、「資金管理の重要性」があります。資金管理をするということは、ＦＸだけでなく投資全般をするにあたっては基本的なことなのですが、初心者はついこの重要性を忘れがちになってしまうのです。

FXで勝ち続けるには、メンタル、マインドが非常に重要ですが、それと同じくらい資金管理も重要で、どちらが欠けてもうまくいきません。どんなに素晴らしい手法を使っていても、エントリーのタイミングが神がかり的によくても、勝率が99％だったとしても、資金管理がうまくいっていなければ、市場から退場させられる危険性は常につきまといます。

資金管理においてまず大切なことは、余剰資金で投資するということです。これはメンタルと同様に、余裕がない状態でFXをやってしまうと、失敗の可能性が非常に大きくなってしまいます。僕も経験があるのですが、「このお金で負けることはできない」とか「このお金がなくなったら生活ができない」「負けたら家賃が払えなくなる」といった切羽詰まった状態でトレードをしても、いい結果を出すことはできません。トレードというのは、焦れば焦るほど、結果は悪い方向に行ってしまうからです。

しかし、逆に、余裕があればあるほど、トレードはよい結果となって表れます。失ってもいいというくらいの資金でトレードをすることが、まず大切なのです。トレーダーにとって失ってもいいお金というのは実際にはビタ一文たりともないのですが、それでも失ってもいいというくらいの余裕を持つことは大切です。矛盾しているようですが、それが結果として、一文も失わないことにつながっていくからです。

次に大切なのが、損切り設定です。こちらもFXに限らず、投資全般において重要な項目です。**損切りができないトレーダーに、FXをする資格はありません。**

買い注文あるいは売り注文を出したと同時に、損切りを設定すること。つまり「いくらになったら損切りとして決済する」というように、あらかじめ取引画面上で設定をしておくことが大切なのです。このときに、僕もかつてよくやってしまった失敗があります。それは、損切りを設定したものの、その設定額に徐々にレートが近づいてくると、「もう少し粘りたい」と、損切りの設定額を動かしてしまいそうになるということです。実際にこれをやってしまうと、痛い目を見ることになります。

最初に決めた損切り設定を後から動かすということは、絶対にやってはいけません。FXを扱う証券会社には、「強制ロスカット」というものがあり、一定の割合で資金が減ってしまう場合には自動的に損切りをしてくれるのですが、これは最終手段です。この強制ロスカットまで何もせず、指をくわえて待っているような状態では、資金はあっという間に底をついてしまいます。ですから、強制ロスカットに頼るのではなく、**自分で損切りの基準を決めて、必ず毎回そのとおりの設定をすることで、負けトレードになっても傷を浅くするということを守ってください。**

勝利より市場から「退場」しないことを優先せよ！

もう少し、損切りについて詳しく話を続けていきます。

たとえば、レートが上昇すると思って買いポジションを持ったけれど、予想に反して2、3円あるいは300pips、200pipsとレートが下降してしまったときのことを考えてみましょう。

このとき、どのあたりで手を打って損切りをすべきかということを考えなければなりませんが、そこまでレートが下がるには、何かしらの要因があるはずです。その要因によっては、元のレートまで戻ってくるには何日も何カ月もかかるかもしれません。また、その間に、売りポジションを持つ絶好のチャンスが訪れるかもしれません。

しかし、そうしたエントリーすべきチャンスがあったとしても、買いポジションを持っていることで大きな含み損（決済すれば損が確定してしまう状態）があって資金が圧迫されていると、それを何とかしようということに意識が向いてしまい、新規でポジションを持つことができなくなってしまいます。

いつ下降状態からレートが戻るかわからないのに、ずっと待ってしまうと、せっかく勝てるチャンスも逃してしまうことになるのです。

では、どれくらいの基準で損切りを設定すればいいのかですが、**僕は、1回の取引で損してもいい額は資金の3％前後だと考えています。**１００万円で始めたとしたら、１回の取引で損してもいい金額は３万円までとなります。多少の前後は大丈夫ですが、特に初心者ではこの３％を大きく超える損切り設定は絶対にダメです。慣れている人でも、５％が限度だと考えてください。

損切り設定をこれ以上にしてしまうと、必ず「もう少し待てば戻るかも」とメンタルに揺らぎが出て、トレードに悪影響を及ぼしてしまいます。

デイトレード（１日のうちに注文と利益確定あるいは損切りをするトレードのやり方）

をする人であれば、目安は30ｐｉｐｓにするとよいでしょう。スイングトレード（注文してから利益確定あるいは損切りまで数日間ポジションを持つトレードのやり方）の場合なら、50～１００ｐｉｐｓが目安となります。

また、スイングトレードの場合は損切りの幅が大きくなるので、デイトレードをする場合の半分くらいの取引量にすることをおすすめします。取引量を少なくすることによって、損切り幅が大きくなっても、１回の損切りを口座資金の３％以内に抑えることができるはずです。

何度も述べますが、**トレードでは勝つことよりもＦＸ市場から退場しないことのほうが重要です**から、損切りの設定は慎重かつルールを曲げないように行っていきましょう。

さらに、資金管理においては損切り設定のほか、トレードするときの取引量についても慎重に考えなくてはいけません。どのくらいの資金があるときに、何ロットでトレードすればいいのかということですが、僕は資金の10分の1を推奨しています。

利益目標を決めたり、複雑な計算式で取引量を決めている人もいますが、僕はシンプルイズベストで、10分の1でよいと思います。ＦＸは、複雑にやればよいというものではなく、シンプルでも決めたルールをしっかり守ることが大切です。

資金の10分の1ですから、100万円の資金なら10万通貨＝1ロットでの取引、10万円の資金なら1万通貨＝0・1ロットでの取引となります。30万円なら、3万通貨＝0・3ロットです（証券会社によって1ロットの数は異なります）。

FXでは、常につきまとうリスクを極力減らし、資金においてもメンタルにおいても余裕を持ってトレードを行うことで、安定した利益を獲得するという考え方をしなければなりません。

どの程度の損失でトレードを中止すべきか？

資金に占める損切りの基準となる割合や、取引量の割合は前述のとおり設定していただきたいのですが、次に考えておきたいのは、全資金の何パーセントを失ったらいったんトレードを中断するかという基準です。

損切りや取引量の調整で負けたときの痛手は最小限に抑えたとしても、負け続ければ資

資金の管理は重要課題

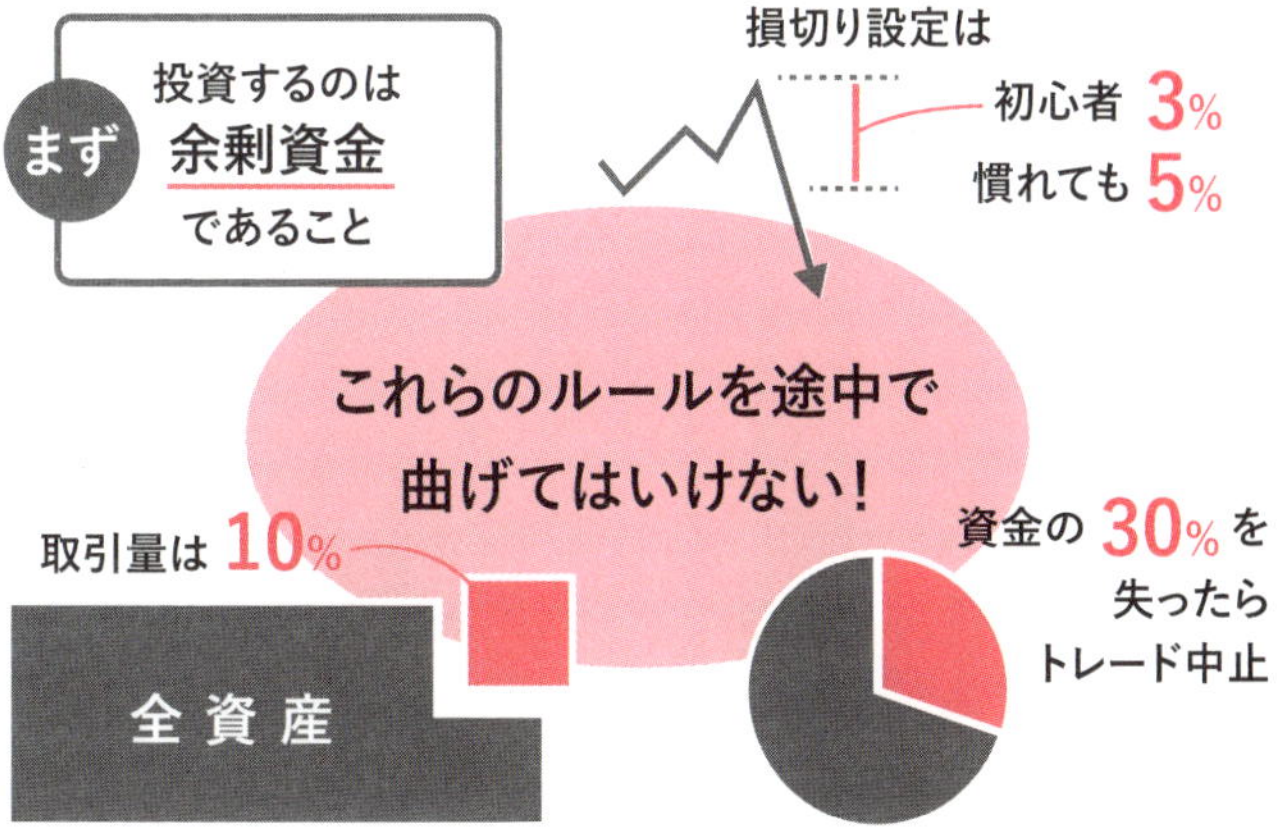
まず
投資するのは
余剰資金
であること
損切り設定は
初心者 3%
慣れても 5%
これらのルールを途中で
曲げてはいけない！
取引量は 10%
全資産
資金の 30% を
失ったら
トレード中止

金は目減りする一方です。ですから、どこでいったん中止するかということを決めておかなければ、メンタルに悪影響が及び、さらなるドロ沼に足を突っ込むことになりかねません。

これについては、**始めた資金の30％が失われた時点で、トレードをいったん中止すべきだと僕は考えています。**１００万円の資金で始めた場合には、70万円にまで減ってしまったらいったん中断して、自分のトレードを見直してみるとよいでしょう。10万円の資金なら、７万円になった時点でストップです。

30％減っているということは、どこかやり方に間違いがあるということです。それはメンタルに起因するものかもしれませんし、自分のトレードのルールに落とし穴があるのかもしれません。その30％の損失が、週単位のものだったとしても、月単位のものだったとしても、どちらでも同じです。

トレードを中断したら、それまでのトレードの記録を見直し、デモトレードや検証ソフトなどでもう一度練習して自信を取り戻し、勝てるという確信を持ってからまたリアルトレードに戻るようにしてください。これをやらずにずるずる続けてしまうと、いずれ市場から退場させられることになってしまいます。

FXにおいては分散投資は不要

株式投資では、よく「卵はひとつのカゴに盛るな」と言われます。これは、いくつもの卵をひとつのカゴに盛ってしまうと、そのカゴを落としたときにすべての卵が割れてしまう可能性があるけれど、複数のカゴに卵を分けて入れておけば、どれかひとつのカゴを落としても他のカゴの卵は無事だということです。つまり、リスクを分散しておくこと、複数の商品に投資をしておくことが重要だという教えです。

しかし、**僕はＦＸにおいては分散投資は必要ないと考えています。**

なぜなら、しっかりと根拠のあるエントリーをして、しっかり損切りをセットしてリスクをコントロールすれば、分散投資の必要はないからです。

それにＦＸというのは、株式投資と違って通貨同士で同じような動きになることが多いので、リスクを分散させようといくつものエントリーをしても、結局どのトレードも同じような結果になってしまうことがほとんどです。ですから、分散投資をする意味はあまりないというわけです。ＦＸでは、むしろ、あれもこれもとリスク分散のためにエントリーして、結果的にすべてで損失を出してしまうというほうが、リスクになり得るのです。

大切なのは、**自信のあるときだけエントリーをして、そのトレードでしっかりリスクマネージメントをしておくことです。** １回１回のトレードのリスクをきちんと管理できていれば、株式投資のように複数の投資商品に手を出す必要はありません。１回１回のトレードでしっかりと資金管理をしていくことを、心がけてください。

第5章

FXで億万長者になる人のマインドセット

❖ ❖ ❖

ＦＸでは、誰にも平等にリスクはありますが、それをコントロールしながらしっかり利益を出し、増えた資金でまた稼ぎ、雪だるま式に資産を増やしていける人がいる一方で、損失を重ねて市場から退場となってしまう人も多く存在します。

投資の世界というのは、ＦＸに限らず常に１割の勝ち組と９割の負け組で構成されています。そして、９割の負け組というのはトレードを始めてから１年も経たないうちに、全資産を溶かして退場しています。つまり、ＦＸの世界にいるのは経験の浅い人が多いということです。

ですから、**みなさんがやるべきことは、初心者からスタートして、初心者たちと戦い、１割の勝ち組のほうへ移るということです。トレードの世界から退場することなく市場に残り、大多数の群れから離れて少数派に入ることです。**いきなり億万長者を狙おうとするのではなく、退場しないことを重視していれば、いずれその少数派に入るチャンスが出てくるのです。

では、どのようにすれば、トレードの世界に残り続けることができるのか。それには、しっかりしたマインドセットがとても重要です。

これまでも繰り返し述べてきましたが、**マインド、メンタルが「市場に残ること」「少数派に入ること」に向けて整っていなければ、いつまでも9割の負け組グループの一員から抜け出せず、いずれ退場の危機を迎えることになってしまうでしょう。**

それでは、1割の勝ち組になるために必要なマインドセットとはどのようなものなのでしょうか。これを突き詰めて考えると、ビジネスにおいてもプライベートにおいても、**成功する人には共通したマインドがある**ことに気が付きます。具体的に説明していきましょう。

成功する人、失敗する人の違い

ＦＸで成功する人、失敗する人には、これまで述べてきた特徴の他に、もうひとつ大きな違いがあります。それは、**「行動するかしないか」**ということです。極論を言ってしまうと、**とにかく行動する人が勝者になる**、と僕は思っています。

どれだけ素晴らしいアイデアを持っていても、どれだけ素晴らしいテクニックやノウハウを持っていても、それを活かすために行動しない人は、成功することができません。行動するのが怖い、面倒くさい……、やらない人にはそれぞれ理由があると思うのですが、**行動しない人は1円も稼ぐことができない**のです。

思い立ったときに動かなければ、やる気は次第に失せていきますし、あるいはそのうち忘れてしまいます。しかし、早く行動する人というのは、より早く成長します。それは、早く経験ができ、早く失敗ができるからです。早く結果が出たほうが、次の手も人一倍早く打つことができます。

成功するのは「行動する人」

投資の世界は９割が負け組のゼロサムゲーム

早く行動する人は、早く失敗し、早く成長できる

人生の中で、グズグズ、ダラダラしている間に、その人が持つやる気や情熱というのは腐っていきます。思い立った瞬間が、最もやる気や情熱がある状態ですが、それをグズグズ、ダラダラしていることによって腐らせてしまうのです。

よく言われる話ですが、**何か物事を「やりたい」と思う人は１万人いても、実際に始める人はそのうち１００人、さらにそれをやり続ける人は１人というように、人はなかなか行動を起こせず、続けられない生き物です。**

でも、ＦＸでは最終的に市場から退場せず、続けた人が成功しています。ですから、成功するにはやろうと思ったときに行動を起こし、それを続け、最後の1人になる必要があるのです。これだと思うものを決めて行動し続ければ、人は成功を収めることができます。

ビジネスの世界でも投資の世界でも、成功者と呼ばれる人たちには、尋常ではない行動力が備わっているとよく言われますよね。僕もそのとおりだと考えています。家族や友人に否定されても、反対されても、これだと思ったものを決めたら行動に移し、自分を信じて継続することが、成功するために最も必要なことなのです。

周りには「おまえには無理」だとか「そんなのやめておけ」と言う人もいるでしょうが、その人たちは成功しているのでしょうか。**成功していない人からネガティブな言葉を投げかけられても、そんなものは気にする必要はありません。**

誰に何を言われても、それに負けずに行動する人のみが、成功を手に入れられるのです。普通なら諦めてしまうシチュエーションでも、自分の意思を曲げずに行動し続けること。世間一般で成功者と言われる人たちは、普通の人がやらないようなことでも、自分がこうしたいと思ったことに全力投球しています。

また、成功する人は、成功という最終的な目標をしっかり見据えながらも、そのプロセ

行動し、継続することが成功の鍵

周囲の人たち
おまえにはムリだ
そんなのやめておけ

でも、彼らは**成功者?**

何を言われても、それに負けず行動しそれを継続する人だけがFXの勝者になれる!

スを楽しんでいます。

世間で成功している人の中には、仕事が好きで、プライベートと仕事の間に明確な線引きをしていないという人が多くいます。そして、すべてにおいて全力投球をしているという人が多いのです。

プロセスを大切にしていない人は、一度「失敗した」と思うとすぐに行動をやめてしまいます。でも、物事を大局的に捉えて、最終的に成功すればいいという気持ちでプロセスを楽しんでいる人は、やり続けることができます。

要所要所できちんと結果を出せれば、小さな失敗は気にしない。そもそもそれは失敗ではなく、思考錯誤するための機会であり、次の行動や成長につながるステップであると考えるのが成功者です。

成功したいのならば、一度これと決めたものがあったら、とにかく行動して、その過程を楽しむことが重要です。行動するだけで、1万人のうちの上位100人に入ることができ、それを継続するだけでたったひとりの成功者の座を得られるのです。

動かずにいるより、動いて失敗せよ！

行動の必要性はわかっていても、失敗するのが怖い。リスクをとるくらいなら、今のままでいい……。そんな人もいるかと思います。でも、**何もしないよりも、行動して失敗したほうが、人生をトータルで見たときに必ずプラスになります。**

行動すれば、何かしらの結果が必ず出現します。それがいい結果であっても、悪い結果であっても、人はそこから必ず何かを得ることができます。もし失敗しても、そこから何かを学ぶことができます。

成功の対義語は失敗ではなく、「行動しない」ということだと僕は思っています。何もしない人というのは、絶対に成功を手に入れることはできませんから、最もリスクの高い生き方をしていると思います。

何もしない人には、２つのパターンがあります。

ひとつは、**怠けグセ**です。人間というのは、怠けたい、ラクをしたい生き物です。今はまだいいやと物事をつい先送りにしてしまいます。でも、今はそのときではないといったん先送りにした物事を、年を重ねてから思い出して行動に移すということはほとんどありません。単に、時間を無駄にして年をとっていくだけです。

もうひとつのパターンが、**失敗をすぐに恐れる人**です。でも、行動しないということは、成功できないということです。行動しない＝失敗なのです。

何か夢を追い求めたり、目標に向かって進んだりするときには、行動をセーブするということのリスクについてもしっかり理解しておく必要があると思います。行動して思うような結果が出なかったときのリスクと、行動せずにただ時間を浪費するリスク、どちらがとるべきリスクなのか、よく考えなくてはなりません。

失敗を恐れて行動しないということは、経験を通して自分の視野を広げていくチャンスを捨てているのと同じです。そして、そのチャンスを何度も逃しているうちに、あらゆることに対して感覚が鈍っていき、「自分とは関係ない」「どうでもいい」という気持ちになっていきます。それをこじらせると、世の中の成功者や、積極的に行動している人たちに対して、劣等感を抱くようになります。表向きでは無関心を装っていても、内心は嫉妬でいっぱいになります。

失敗を恐れて行動できなかったことが後になって大きなフラストレーションとなり、自分に対して劣等感や嫌悪感を抱くようになり、それを解消しようと、自分がうまくいかないのは周りの環境や他人のせいだと思うようになるのです。

また、失敗を恐れる人の中には、失敗してリスクを背負うのが怖いというよりも、「恥ずかしい」という気持ちを抱いてしまう人もいるかと思います。日本には「恥の文化」というものがありますが、失敗することを恥ずかしいと感じる人は多いのではないでしょうか。

その恥ずかしいという感情がどこから来るのか突き詰めてみると、裏には「誰かに褒められたい」「認められたい」「叱られたくない」という感情があるはずです。これが承認欲求というものですね。

第3章でも述べましたが、承認欲求というものはとてもやっかいです。自分の言動を誰かに認めてもらいたい、否定されたくない。この感情が強いと、人はどんどん行動できなくなってしまいます。何か行動したことで失敗してしまったら、人から否定されるのではないか、ダメなやつだと思われるのではないか、それは恥ずかしい……。そう思って、行動することができなくなっていくのです。

ですが、**成功する人というのは、他の人よりも多く失敗をしています。**失敗を恥ずかしいことだと考えず、ひとつのステップだと捉えることができるからです。最終的に目指す成功のために、小さな失敗は必要なプロセスだと考えているので、恥ずかしいという感情を持つことはありません。その場その場で承認欲求を満たすことよりも、最終的に成功することを選択するのです。

失敗をして、他人から「やっぱり」と笑われたことがトラウマになっているという人もいると思いますが、そういう経験をひとつのステップとして行動し続け、最後に大きな成功をつかむことができれば、そのトラウマは解消できるはずです。**諦めずに続けた人のみが、成功をつかむことができる。**そのことを肝に銘じておいてください。

行動した、しなかった――どっちを嫌いになるか

多くの人は、何か物事に迷ったときに、「やらない」ということを選びがちです。転職しようか、プロポーズしようか、家を買おうか、そういう人生の岐路においてやるかやらないかを決めるときに、迷いがある場合には「今はそのタイミングではない」と考えて、やらないほうを選ぶのです。

もっと小さな岐路、たとえば街でいいなと思う服を見かけたけれど、「同じような服を持っていたかも」「もっといいものがあるかも」「ちょっと高いかな」と迷いが生じたことで、買わない選択をするということもあるかと思います。

でも、後から「あのときやっておけばよかった」と思うことも多いはずです。あのとき転職しておけばよかった、プロポーズしておけばよかった、買っておけばよかった……。

逆に、「やらなくてよかった」と思うこともあるかもしれません。**人生は選択の連続ですから、選ばなかったことを後悔するということも、選んだことを後悔するということも、何度もあるはずです。**

何か物事を選択しなければならないときに、その選択をいつも間違えているような気がする、そんな人は意外と多いのではないでしょうか。

では、岐路に立たされたとき、何を基準に選択をすれば、人生がうまくいくようになるのでしょうか。

僕は、そのひとつの基準は、「楽しいか楽しくないか」だと考えています。迷ったときに、自分の心といかに素直に向き合えるかということです。

ほとんどの人は、何か物事に迷ったとき、自分の本心はともかくとして、それが世間的に正しいのか正しくないのか、損するのか損しないのか、ということを基準にしてしまいがちですが、最も大切なのは自分の本心ではないでしょうか。

何かにチャレンジするかどうか迷った場合で考えると、チャレンジしたいという思いがあるということは、今までの自分に満足していなくて、何か新しいことにワクワクしたい、楽しいことをしたいという気持ちがあるということです。チャレンジしないという選択肢より、チャレンジするという選択肢のほうが、本心は「楽しいこと」だと捉えているはずです。だったら、楽しいほうを選ぶべきです。

さらにもうひとつ、**自己嫌悪の少ないほうを選ぶという基準もあります。**やった後に自分を嫌いになるのか、やらなかった自分を嫌いになるのか。絶対にいけないことだとわかっていても、その場の楽しみのためにやってしまって、そんな自分にガッカリすることもあるでしょう。一歩踏み出すことを諦めて、何も変えられなかった自分を嫌いになることもあると思います。

選んだ後に、自己嫌悪に陥るのはどちらの選択肢なのか。その基準で選べば、たとえ失敗したとしても、それを大きな後悔として引きずることなく、必ず次の糧《かて》にしていけるはずです。

「やれない人」に多い4つのパターン

何かをやろうと思ったけれど、「まだいいや」と思っているうちに月日が経ってしまい、いつしか「あのときやっていればよかった」と思うようになる人はたくさんいます。このように意思決定を回避する人には、４つのタイプがあります。

１つ目は、**ダラダラ延期型**です。怠け者ということですね。情報量が少ないとか、判断する材料が少ない、まだそれほどやる気がないからといった何かと理由をつけて、物事を延期していきます。「今はまだそのタイミングではない」と、やらないことを正当化していくのです。

でも、それまで成功したことがないという時点で、タイミングがどうだなどと言う資格はありません。成功経験をしてもいない人に、成功するタイミングなどわかるはずはないのです。

２つ目は、**運任せ型**です。成り行きに任せる、周りの環境に合わせる。そういう人は順応性は高いかもしれませんが、ただそれだけです。自分で行動をすることなく、ひたすら周りに順応して生きていく。それって面白いのでしょうか。

３つ目は、**言いなり型**です。２つ目のタイプにも似ていますが、他人に意思決定をしてもらうことにためらいがないという人です。誰かに決めてもらったほうがラクだというように感じる人、多いと思います。大切なことは家族や友人などに相談をして、全部決めてもらう。

人に相談するのは悪いことではありませんが、その際、その分野で成功している人に相談しているかどうかということも重要です。成功していない人は、たいてい「やめておけ」と言うだけですから、相談する意味がありません。

自分も行動するのが怖いので、相談した人に止めてほしいから相談するのです。明らかに時間と労力の無駄です。

4つ目は、**弱気型**です。意思決定した後に失敗するのが怖くて、決断できないというパターンです。リスクに敏感になっている人がこうなるのですが、世の中はリスクだらけで、リスクのない物事などありません。

リスクは避けるのではなく、コントロールするもの。そういう考え方ができないと、意思決定をすることができなくなってしまいます。

この4つのタイプに心当たりのある人は、マインドを変える必要があると僕は思います。

行動できない人の4タイプ

この4タイプに心当たりがある人はマインド改革を！

先送りにする、リスクを回避するということは必ずしも悪いことではないと言う人もいますが、僕は悪いことだと思います。悪いというか、必ず後悔することにつながると思うのです。

意思決定を回避するということは、選択を先送りにし、大切な時間を浪費することに他なりません。自分の人生を他人や運に任せるということにも、大きなリスクが伴います。その結果、「自分は運が悪かった」と嘆いても、誰も助けてはくれないのです。

迷うということは、「できる可能性がある」ということです。そもそもできる可能性のない物事に対して、迷うことはないはずです。

大人になってから「プロ野球選手になろうかな」と迷う人は、ほとんどいないはずです。今からどう頑張っても、なれる可能性はゼロに近いとわかっているからです。

人は、できることに対してしか迷わないのです。そして、それは「できる」というサインなのです。

そうであれば、迷ったらGOの一択ではないでしょうか。**決断をして、行動に移して、努力することさえできれば、成功をつかめる可能性が大きいわけですから。**やらないで後悔するよりも、やってみて失敗して経験を積み、続けることで成功をつかむほうが、人生は豊かになるはずです。

近くに成功者がいる環境をつくれ！

何か物事を行うとき、それがうまくいくかどうかは環境にも左右されます。

素晴らしい能力があったり、有効なノウハウを持っていたとしても、時間がなければそれを発揮するチャンスがありませんから、うまくいく可能性は減少します。パソコンで作業する能力があるのに、ポンコツなパソコンしか持っていなかったり、ネット環境が整っていなければ、作業効率は落ちてしまいます。ですから、**時間や道具などをきちんと用意して、環境を整えるということはとても大切です。**

もうひとつ、環境を整えるということを考えたとき、「類は友を呼ぶ」ということを考えるのも重要なポイントとなります。お金持ちの周りにはお金持ちが集まり、成功者の周りには成功者が集まります。こういう人たちの中にいれば、自然と自分もそうなっていくのです。

学生時代を考えてみると、周りがみんな真剣に勉強する人ばかりのクラスと、誰も勉強はしていなくて、遊んでいるのが当たり前というクラスだったら、どちらが勉強に打ち込みやすいでしょうか。

おそらく、ほとんどの人が前者を選ぶと思います。人は、周りにどんな人がいるかによって、気の持ち方や生きる姿勢が変わってきます。

ですから、**できるだけ成功者が近くにいる環境をつくるということは、成功するためにはとても大切なことなのです。**成功している人と、成功していない人とでは、物事の捉え方、考え方がまったく異なります。

成功者は物事をポジティブに捉えることが上手ですが、成功していない人はすぐにネガティブに捉えがちです。周りがみんな物事をポジティブに捉えるのが当たり前という環境であれば、自分も次第に「そういうふうに考えるのが普通なんだ」とポジティブ思考に変わっていきますが、その逆ならネガティブ思考に染まってしまいます。失敗ばかりしている人たちの中にいたら、成功しないのが当たり前になってしまい、自分も腐っていってしまうのです。

でも、成功者ばかりがいる環境を自分でつくり出すというのは、難しいことです。知り合いにひとりでも成功者がいるなら、その人に近付いていくという手はあるのですが、難しければ、スクールやサークルに参加するという手もあります。成功している人が開催している塾に参加するという方法もあります。

僕のFXスクールもそうですが、**成功している人たちの話をたくさん聞いていると、「これが普通なんだ」と、マインドが成功者に近付いていく**のです。

スクールや塾では、ノウハウを教えてもらうことも当然大切なのですが、そこでできる横のつながりというのも大きなプラスになっていきます。ＦＸで成功している人が普段どういう生活をしているのか、どんな考え方をしているのか、頻繁に会うことができれば、その雰囲気をつかんでいくことができます。

この環境の整備というのは、お金をかけてでもやっていくべきです。成功している人たち、お金を稼いでいる人たちに近付いていけば、自分のマインドも成功へと傾いていきます。成功するためには、成功者のマインドを持つことが必要不可欠ですが、周りに誰も成功者がいない中でひとりで頑張るよりも、成功者がいる環境に身を置いて、自分のマインドを自然に成功者のものに近付けていくほうが手っ取り早いはずです。

第6章

FXのお悩みにお答えします【Q&A】

僕のＦＸスクール、コミュニティには日々たくさんの質問が寄せられます。ＦＸを始めたばかりの人から、中級〜上級者まで、それぞれのお悩み事がたくさん寄せられてくるのですが、ここではその中でも**初級〜中級者の方のご相談を紹介していきたい**と思います。どれも、ＦＸを始めようとしている人や、少し経験のある人には「あるある！」という質問になっていますので、ぜひ参考にしてください。

なお、ＦＸでトレードする際の細かいテクニック的な解説については、僕のＦＸ解説動画で、チャート画面を示しながら詳しく説明しています。中級〜上級者で詳しく知りたい方は、そちらを見ていただくとわかりやすいと思います。

Q．ＦＸを始めたいけれど、何から勉強したらいいの？

Ａ．まったく初めてという方は、まずＦＸとは何か、どういう仕組みで動いているのか、またＦＸの用語など、基礎的なところから勉強してください。本書では

第1章から第5章までの間に、基礎中の基礎を盛り込んでいますから、まずはそこをしっかり理解するところから始めていただきたいと思います。

その後に、過去トレード、デモトレードに移って練習です。FXを取り扱う証券会社に口座を開設すれば、デモトレードを行うことができます。

過去トレードとは、過去の値動きで練習ができる検証ソフトのことで、早送りや巻き戻しもできるため、デモトレードよりも速いスピードで練習ができます。FX経験者が自分の手法を検証するには、過去トレードを使うとよいでしょう。

大切なのは、何度も何度も練習をすることです。何事も一〇段を一気に駆け上がるのではなく、一段一段、自分のペースで焦らず上ることです。

Q．証券会社はどこを選べばいいの？

A．FXは、FXを扱う証券会社に口座開設をするところから始まります。店頭に行かなくても、今はネットで口座開設をすることが可能で、必要な書類もスマホで撮影してアップロードしたり、メールで送ることができます。

証券会社の選び方としては、まず**チャートを表示させるソフトに「MT4」を使っている証券会社をおすすめします。**MT4とは「メタトレーダー4（Meta Trader4)」の略で、これがいちばんチャートが見やすいと僕は思います。ただ、自分が見やすいチャートが他にあればそれでもOKです。

さらに、**週ごとに日足《ひあし》が5本あるものがおすすめです。**日足というのは、相場の動きを1日単位で表したもののことです。相場の動きは始値、終値、高値、安値を示す「ローソク足」で見ることができます。ローソク足は日足、週足、月足などがありますが、1日単位のローソク足が日足です。日足は週に5本表示されるところと、6本表示されるところがあるのですが、僕は5本のものを使っています。

証券会社が開いているのは平日の5日間ですから、1週間に日足が表示されるのは5本になるはずなのですが、時には6本足のものもあるのです。それは、為替市場の時差によるものです。

為替市場の1週間の区切りは、ニューヨーク時間の金曜日の17時です。日本時間なら土曜日の朝7時、サマータイムなら朝6時です。この時差によって、もともと海外でつくられたチャートを日本時間にずらして表示してしまうと、土曜日の0時から朝までの間にもう1日分の日足ができてしまうことがあるのです。

世界の多くの人は、トレードを5本の日足のチャートを見ながらやっています。ですから、5本でやったほうが、世界中のトレーダーが参加しているFXでは分析がしやすいということになります。

Q. 口座を選ぶとき、「口座開設で1万円キャッシュバック!」というキャンペーンを見かけるのですが、やっぱりお得だと思いますか?

A. そういうのは無視してください。口座を選ぶときには、先ほどのMT4、日

証券会社の選び方

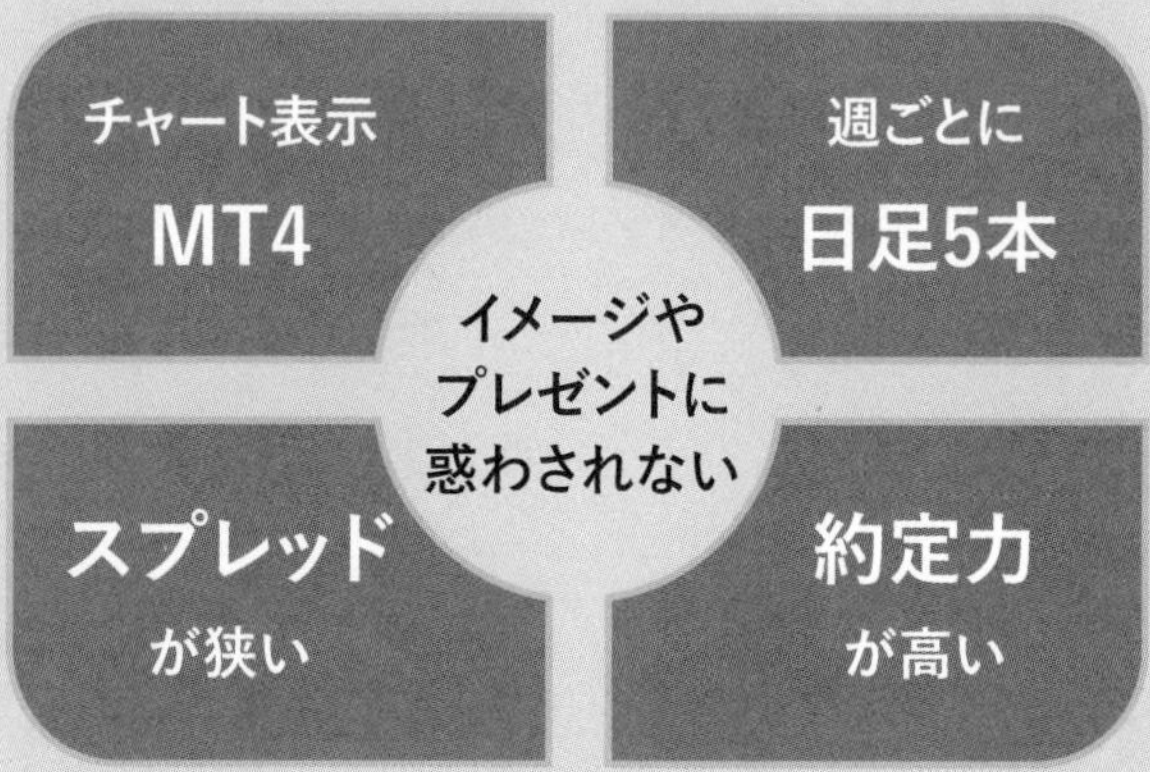

足５本の他に、スプレッドが狭くて、約定力が高いこと、というのもポイントになります。キャッシュバックや独自サービスに釣られるよりも、これらの基本的な内容が押さえられているかどうかで決めるのがよいでしょう。

　スプレッドが狭いというのは、手数料が安いということです。スプレッドとは、ある通貨の売値と買値の差額のことです。買値よりも売値のほうが高くなり、単位はｐｉｐｓで表されます。

　１ドルの買値が１００・００円で、売値が１００・０５円の場合は、スプレッドは５ｐｉｐｓとなります。ＦＸ会社は、そのスプレッドによって利益を得ています。この差が狭いほど、手数料は安くなり、支払う額も少なくて済むということです。

約定力というのは、注文をクリックしてから、実際に成立するまでの速度のことです。サーバーの処理能力などの問題で、成立までの速度が遅いと、注文した価格から実際の価格が変わってしまい、意図していなかった価格で約定してしまうことが起こります。これを「スリッページ」と言います。あるいは、為替相場の急変動などで、あらかじめ設定した価格の範囲を超えてしまい、約定ができない「リジェクト（約定拒否）」なども起こります。約定力が高い、つまり処理速度が速いところほど、このようなリスクは避けられます。

こうした基本的なところを押さえているかどうかで、証券会社を選んでみてください。

Q．FXでは、ずっとパソコンに張りついていないといけないの？

A．FXトレーダーというと、ずっとパソコンの前に座って画面とにらめっこをしているイメージを持っている方も多いかもしれません。でも、僕は専業トレーダーですが、全然パソコンの前に座っていません。僕の場合は、朝起きてからちょっとチャートを分析して、あとは必要なタイミングでパソコンを開くようにしています。

自分で分析ができるようになったら、「あと3時間はチャンスは来ないな」「もうすぐチャンスが来るな」ということがわかるようになるので、必ずしもずっとパソコンに張りついている必要はないわけです。今はスマホのアプリを使ってアラートを鳴らすこともできます。この価格に来たらアラートを鳴らすというように設定をして、外出時にはスマホで取引をすることもできます。

初心者の場合は特に、パソコンの前にずっと張りついているというのは、あまりいい影響はないように僕は思います。まだ安定的に勝てていない人、メンタルやマインドがしっかりしていない人というのは、エントリーした後についい余計なことをしがちだからです。ずっとチャートを見続けて、上がったり下がったりするのを見て一喜一憂して感情が乱れ、ルールを忘れて決済するタイミングを外すということが、起こりがちなのです。

数秒から数分で決済するスキャルピングなら、必然的にパソコンの前で見ていなければなりませんが、そうでない場合はデイトレーダーでもパソコンに張りつくのは得策とは言えません。

また、夜にエントリーをして、朝まで寝てしまっても大丈夫です。FXではエントリーしたと同時に、ここまで利益が出たら決済する、あるいはここまで損失が出たら損切りするということを「指値」「逆指値」で設定することができます。その値まで来たら、自動的に決済してくれるわけですから、寝ていても大丈夫なのです。

もっと利益を出したいから、あるいは心配だから、チャートから離れられず眠ることができないという人は、メンタルに負担がかかりますから注意が必要です。**自分のライフスタイルに合わせて、ずっとパソコンに張りついていなくてもできるのが、FXの魅力です。**余裕を持ってトレードしてください。

Q．デモトレードや過去トレードでどれくらい練習すれば、リアルマネートレードに移ってもＯＫ？

Ａ．相場は、その日その日で変動幅が変わります。大きく動く日もあれば、あまり変わらない日もあります。そのため、ＦＸでも大きく稼げる日もあれば、少ししか稼げない日もあるわけです。もちろん、利益を出せる日もあれば、損切りをする日もあります。ですから、**毎日勝つことよりも、月単位で見てこれくらい稼ぐというように、トータルで考えることが必要です。**

デモトレードでの練習も同じように、数日やってみてプラスになったので、すぐにリアルマネートレードに移ろうとするのではなく、月単位で見てプラスにできるようになったら移行するのがよいでしょう。最低でも2～3カ月は練習してみて、月単位で収支がプラスになるようでしたら、リアルのほうでトレードをしても大丈夫です。

また、トレーニングをする間に、**自分のライフスタイルの中で、トレードに集**

中できる時間帯はどこかというのを絞り込んでおいてください。夜間の時間帯なのか、昼間の時間帯なのか。過去トレードで練習するときには、自分が動けるのが夜間の時間帯なのに、昼間の時間帯の過去チャートでトレードをしても、あまり意味はありません。

Q．過去トレードとデモトレード、どちらを先にやったほうがいいの？

A．**デモトレードの前に、過去トレードをやっておくことをおすすめします。**過去トレードというのは、過去のチャートを使っていますから、現在の経済指標を考えずにトレードができます。もちろん実際のお金が動くわけではありませんし、マインド的な負荷がほとんどかからない状態で練習することができます。

実際のトレードでは、マインド的な負荷がかかったり、経済指標、要人発言、株式市場の動向など、さまざまな揺り動かし要素が入ってくる中で行わなくてはなりません。そういうプレッシャーがない、完全にバーチャルな中でできる過去トレードで、トレードの練習をしていくのがよいでしょう。

その後、現実の経済指標などが入ってくる、よりリアルに近い状況でのトレーニングとして、デモトレードをするという順番がよいと思います。

このデモトレードで、自分のライフスタイルの中でトレード可能な時間にトレーニングをして、月間収支をプラスに持っていけたら、次にリアルマネートレードの口座で、最小単位の取引をします。

最小単位は証券会社によっても異なりますが、だいたい1000通貨となります。最小単位通貨でも、リアルなお金とバーチャルな世界とでは、メンタルへの負荷のかかり方は大きく変わってきます。その中で、また月単位で収支がプラスになることを目指していきましょう。

もしも、そのリアルマネートレードで成績が不振となったら、またデモトレードでのトレーニングに戻り、練習をします。野球でも、選手の成績が不振であれば一軍から二軍に戻って練習をしますよね。それと同じで、うまくいかなければトレーニングに戻るということを繰り返していってください。

Q. トレードの時間帯や取引する通貨は、固定したほうがいいの？

A. トレードにはさまざまな考え方があり、時間帯を固定したり、通貨の種類を2種類に固定したりする人もたくさんいます。

たとえば、ロンドンの市場が開いている時間に、自分にとって相性のいいユーロドル、あるいはユーロ円のみをトレードするという人もいます。僕の知り合いでは、ドル円だけに固定してトレードして、大きく勝っている人もいます。

このように時間帯や取引する通貨を固定することのメリットは、いつも同じ通貨ペアでトレードすることによって、その時間帯や通貨ペアやの傾向、特有のクセがだんだんわかってくるということが挙げられます。また、過剰な頻度で取引をする「ポジポジ病」を防げるということもあります。

一方で、たとえばロンドン時間で、相場が上昇と下落を繰り返して方向性が定まりにくい、いわゆる揉《も》み合いの状況になりやすい日に、ニューヨーク時間では方向性が定まりやすくトレードしやすいという場合もあります。あるいは、ユーロドルやユーロ円がトレードしづらいときでも、他の通貨ペアがトレードにいい状況になっていることもあります。時間帯や通貨ペアを固定すると、そういうときに他のトレードに手を出せないというデメリットもあるということです。

さまざまな時間帯、さまざまな通貨ペアに手を出すのは混乱を来すのであまりおすすめはできませんが、たとえば、ロンドン時間以外にもニューヨーク時間もトレード時間に含めるとか、ユーロドル、ユーロ円だけではなく、米ドル、ポンド、豪ドルあたりも含めて、監視できる通貨ペアを5種類くらい決めておくのもよいと思います。そうすれば、トレードチャンスもより広く得られますし、よりよいチャート状況を選んでトレードできるようになります。

どこまで選択肢に入れるかは、みなさんのライフスタイルによって決めるようにしてください。

Q．サラリーマントレーダーでも成功できるのでしょうか？やはり、専業にならないと大きな成果は収められませんか？睡眠を削ってでもトレード時間を確保したほうがいいのでしょうか？

A．サラリーマンの場合、会社から帰ってきてトレードをするとなると、午後8時からせいぜい午前2時くらいまでと、限られた時間になってきますよね。

僕は、寝る時間を削ったり、生活を犠牲にしたりしてまでトレードを行うべきではないと考えています。そうしていると、メンタルにも悪影響が及び、結果的にトレードがうまくいかなくなるからです。ですから、自分のライフスタイルを崩してまでトレードをする必要はないと思います。

サラリーマンの方が時間をとれる午後8時から午前2時くらいまでの場合は、ニューヨーク時間で3～4時間トレードができることになります。この時間は、比較的値動きが活発な、ＦＸのメインタイムです。この時間に20ｐｉｐｓ程度の利益獲得は、十分に可能だと僕は思っています。週のトータル収支でプラス10ｐ ipsでも、レバレッジが10倍なら口座資金は年間に1・5倍になります。10万円の資金なら15万円、50万円の資金なら75万円に増やすことができるということです。

それぞれのライフスタイルや、トレード技能の習得度に応じて、無理なくトレードして、コツコツと資産を増やしていくのも、僕はありだと思います。その増やした資産を、複利とレバレッジでどんどん大きく膨らませていくことができるので、無理のない範囲で「続ける」ということが大切だと思います。

Q. トレードできる時間が短い人に適したトレードスタイルは？

A. トレードにはさまざまなスタイルがあります。第1章でも説明しましたが、おさらいしておきます。

・デイトレード……10分から1時間単位で値動きを見て、その日のうちに決済を数回する方法。

・スキャルピング……数秒、数分といった短時間で取引をするスタイル。1日のうちに数十回の取引をする人も。

・スイングトレード……数日から数週間単位で値動きを見て、月に数回取引をするスタイル。

どのスタイルをとるかは、その人のライフスタイルにもよるわけですが、**僕はスタイルをどれにすると決めてしまうよりも、その日、またはその時期の相場、あるいは通貨ペアの特性に応じて併用していくのがいいかなと考えています。**

たとえば、ロンドンフィックスにあたる日本時間は夏時間で午前0時、冬で午前1時となります。ロンドンフィックスというのは、東京時間の仲値（9時55分）に相当する時間で、仲値というのは銀行などの金融機関が発表する、その日の基準レートです。

ロンドンフィックスのときにその日の頂点をつけることが多いユーロドルなどでトレードをする場合は、60分足、4時間足、日足の3つの組み合わせでデイト

「これならいける」というタイミングまで待つ
トレードでは
「勝ちたい!」
より
「危険を避けたい!」
が大事
時間やルールが合った時だけ
エントリーする

レードもできますし、5分足、60分足、4時間足の組み合わせでスキャルピングもできます。さらに4時間足と日足、週足による短期のスイングトレードも可能です。そのうちどのスタイルをとるかは、自分がとれる時間に合わせればいいというわけです。

ただ気を付けたいことは、**トレードは何とか勝とうとするよりも、「危険な状況をいかに避けるか」ということのほうが重要だということです。**自分が「これならいける」と思うタイミングが来るまで待つことが大切なのです。

ですから、時間が少ないからといって、

何とかその中でエントリーしようということばかり考えていると、勝率はなかなか向上しません。時間が少ない人であれば、その日によってはトレードできないことも多いと思います。2〜3時間しかなくてもチャンスが来るときもあります。そのチャンスを待てるかどうかが、成功するポイントとなるわけです。相場は自分の状況に合わせてくれるわけではありませんから、自分がトレードする時間に、自分のルールが合ったときだけエントリーする、それを心がけてください。

Q．押し目買い、戻り売りの練習をしたいのですが、うまくいきません。

A．「押し目買い」とは上昇トレンドの中で一時的に価格が下落したとき、その後の上昇を見込んで買いポジションをとること、「戻り売り」は下降トレンドの中で一時的に価格が上昇したとき、その後の下落を見込んで売りポジションをとることを指します。

相場というのは一方向に動き続けるということはありません。上昇トレンドのときは小さな上下を繰り返しながら全体的に上がっていきますし、下降トレンドでは小さな上下を繰り返しながら全体的に下がっていきます。

「押し目」とは、上昇トレンドのときに一時的に調整されて価格が下落するポイントのことで、「戻り」はその逆を指します。

この押し目買い、戻り売りを上達させたいという人の多くは、値がどこまで上がるのか、あるいは下がるのかを見極める方法があると勘違いしていると感じます。深く押してくれたほうが、その後トレンド方向に復帰したときに値幅が増えるから、そのチャンスの見極め方が知りたい、というわけです。

でも、それが確定的にわかる人というのはいません。どこまで上がるか、下がるかというのは僕にもわかりません。ただし、確率的に高いポイントというのはあります。

ＦＸでは、**確率が高いタイミングでトレードをして、想定外の動きになった場合にはきちんと損切りをすることが大切です**ので、まずはそのことを心に刻んだうえで、確率的に高いポイントを知るということが必要です。

具体的な方法は細かくあるのですが、たとえばインジゲーター（ＦＸでテクニカル分析に使う指標）で、移動平均線を表示させ、そこにローソク足が接するとき、あるいは下回るときが、売買のチャンスになるという見方があります。

上昇トレンドのときに押し目買いをする場合では、ローソク足が大きく下回ったときのほうが、次に上昇したときの幅がより大きくなるから、絶好のチャンスだと言うことができるのですが、実はこれは負け組トレーダーの考え方です。

深い押し、深い戻りというのは、それまでのトレンドは短期間のもので、これから変化する予兆だったということもあります。ですから、押し目や戻りだと思っても、その後予想に反した動きをすることもあるのです。そのため、成功するトレーダーは、欲をかかずに、ちょっとした押し目、ちょっとした戻りのタイミングでエントリーをしています。

Q．FXでどんな相場でも勝てる、オールラウンダーを目指すことはできますか？

A．トレンド相場でも、揉み合いの相場でも、どんな場面でもトレードできるオールラウンダーが強い、どんな場面でも勝てるようになりたい、と考える人は多いと思います。

どんな相場でもエントリーして成果を出せるようになりたいと思う気持ちはわかるのですが、実は、それは無理な話です。**どんな場面でも手を出せば勝てるというトレーダーは、まずいないでしょう。**

FXで勝てるトレーダーというのは、自分が勝てるポイントが来るまで待って取引ができる人です。どんな相場でも全部手を出していたら勝率は低くなります。勝率が下がり負けトレードが増えるということは、勝って得たお金が減ってしまうということです。それを取り戻すのは大変です。

FXの世界では、オールラウンダーである必要はまったくありません。一芸に秀でていれば、十分に利益を上げることができるのです。自分の得意パターン、勝ちパターンを見つけて、そのひとつを繰り返すだけで、利益につながっていくのです。

相場は僕たちが思っている以上に、不規則な動きをすることがあります。利益につながるポイントというのは、思っているほど多くはありません。そんな中で、「このポイントも利益になるかも」と欲を出したり、「とりあえずエントリーすれば何とかなる」と甘い考えを持っていたりしたら、利益を出せるトレーダーにはなれません。

トレードする場面を厳選すること、その場面で勝てるようにしっかり腕を習熟させておくこと、これが大切です。

第7章

【失敗体験から学ぶ】秋村はなぜ成功できたのか？

❖　❖　❖

ここまで、ＦＸで成功するために必要なことを、マインドを中心に述べてきました。**ＦＸではマインドが非常に重要で、いくら素晴らしいテクニック、有効な情報を持っていたとしても、その土台となる本人のメンタルがトレードをするのに最適な状態になっていなければ、何の成果も出すことはできません。**それどころか、マインドに欠陥があれば、すぐに市場から退場させられることになってしまいます。

そういう僕も、最初からマインドが完成していて、すぐにトレードがうまくいったわけではありません。このことに気が付くまでには時間を要しました。多くの失敗もしました。

もしかしたらここまで伝えてきたことは、まだＦＸをやったことのない人、やり始めたばかりの人には、なかなか心の底から理解することは難しいかもしれません。いくつも挙げてきた失敗例を見て、そんなヘマはしないと思っているかもしれません。でも、人間は基本的に怠けたい、ラクをしたいという願望をどこかに持っているし、欲のある生き物です。そして**FXでは、人間のそういう弱点をすぐにあらわにしてしまいます**。このことを絶対に忘れてはいけません。

僕も、その落とし穴に何度もハマりそうになりました。でも、そんな経験をしながらFXでゆうに億を超える資産を稼ぐことができました。ここまでに要した期間は8～9年ですが、その間に実は2回、全資産を溶かしてしまったこともあります。ごはんが食べられなくなったり、電気代を払えなくなったこともありました。

そんな僕がなぜ成功して、ゆうに億を超える資産を築くことができたのか。この最終章でお伝えしていきましょう。

僕が株式投資よりもFXを選んだ理由

投資で稼ぐというと、大きくはFXと株式投資の二択になると思います。僕がその中でFXを選んだ理由は、**安全性や利便性が株式よりも断然上だと思ったから**です。

まず、株式投資の場合は、株を買った会社が倒産したら投資した分はすべて失ってしまいます。そんなに簡単に会社がつぶれるだろうかと考える人もいるかもしれませんが、可能性はあります。一方のFXは、国の通貨を取引していますが、国がつぶれるということはあり得ないわけではありませんが、会社よりは可能性はかなり低いはずです。

また、株よりもFXのほうが規模が大きいということもあります。株式市場では東証一部、二部、マザーズを合わせて上場している企業は3600社くらいあり、1日の取引総額は3・3兆円くらいです。

それに比べて、FXは全世界で取引されており、1日の取引総額は約500兆円。株式市場の場合は、機関投資家が数億円を出せば市場をコントロールすることができてしまい

FXを選ぶ理由

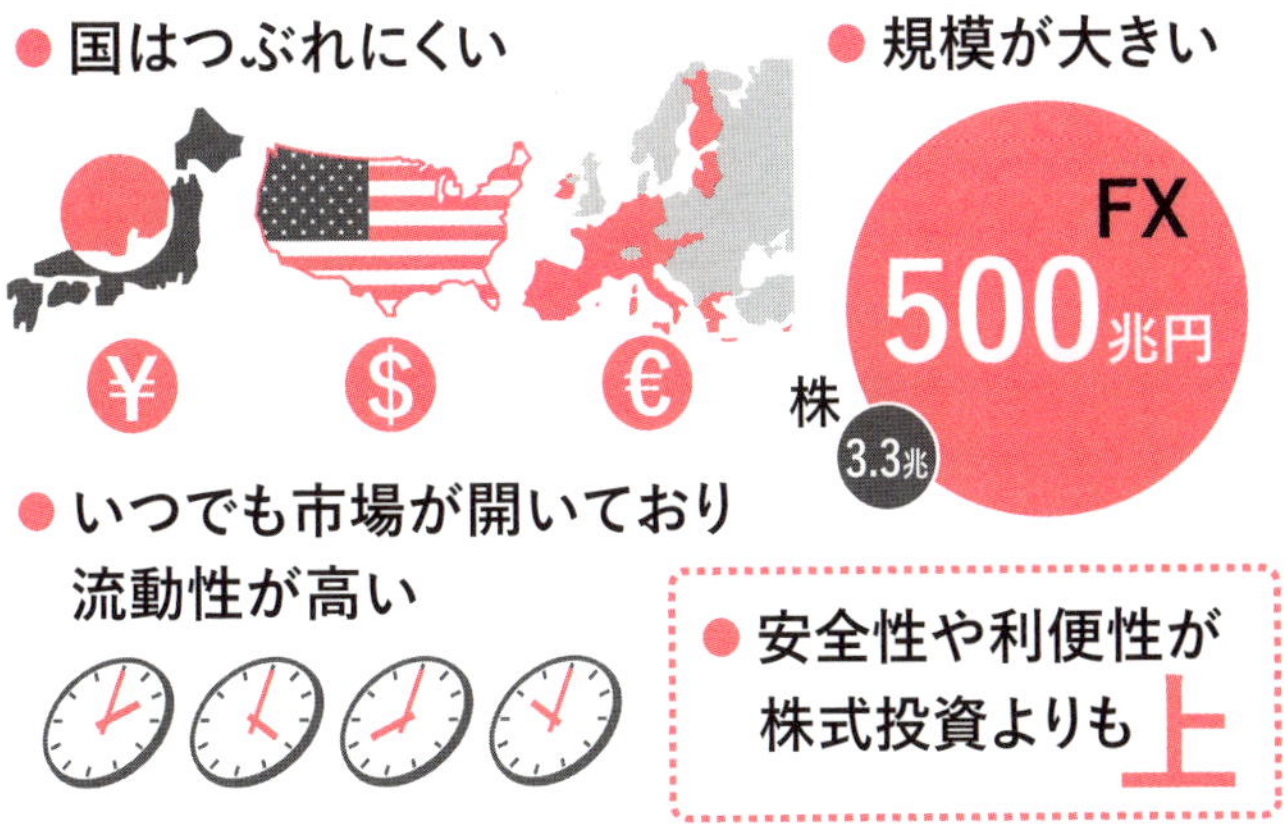

ますが、規模の大きいＦＸでそれをしようと思ったら、為替介入（為替相場に影響を与えることを目的に、外国為替を売買すること）をするということになります。為替介入は、中央銀行や国が「これ以上円高にならないように」と行うことはありますが、これを行うためには数兆円が必要になります。

つまり、規模が大きいために簡単にはコントロールができないのです。したがって、**ＦＸは少人数の思惑によって不自然な動きをしにくく、株よりも動きが読みやすい**ということになります。

さらに、**流動性の面でもＦＸのほうが有利**です。株の場合は買いたいけれども売ってくれる人がいないとか、ここで売って利益確定をしたいと思っても買ってくれる人がいないということが起こります。

しかし、ＦＸの場合は全世界で取引が行われており、売買したいときにできないということはありません。日本時間の夜中であっても、世界の他の国では朝だったり昼だったりするので市場が開いており、いつでも取引ができるのです。

もうひとつの違いとしては、**ＦＸは相対取引で売りからも買いからも自由に入れる**という点です。株も空売りといって、信用取引などを使って保有者から株式を借りて売り、その後株価が下落したところで買い戻すということもありますが、持っていないのに売るという点が僕には違和感がありました。

その点、ＦＸのほうは通貨間の価額の差を使って利益を出すものですから、売りからも際限なく入ることができます。しかも、上がるときよりも下がるときのほうが3倍速いので、下げ相場で稼ぎやすいという特徴もあります。

このような理由で、僕は株式よりもＦＸのほうが安心で稼ぎやすく、自分のライフスタイルにも合わせやすいと考えました。

他にも稼ぐ方法はいろいろあるけれど……

株やFXのほかにも、投資にはバイナリーオプションや不動産といった投資もあります。でもこのあたりは手を出そうとは思いませんでした。

特に、円高になるか円安になるかといった二者択一でチケットを買い、それが当たれば利益が出るというバイナリーオプションは、ギャンブルに近い感覚なので問題外だと思いました。1万円を賭けて勝ったら手数料を引かれて8000円の利益、負けたら1万円がそのままなくなってしまうというのがバイナリーオプションです。FXの場合は、手数料は証券会社に取られはしますが、20%というような大きな割合ではありません。1万通貨に対してコストは30円前後というのが普通です。

また、FXはいつでも利益確定も損切りも自由にできますが、バイナリーオプションは取引時間が制限されているのもデメリットかなと思います。

不動産投資のほうは、とにかく元手が必要というのがネックでした。しかも、利益も月に5%くらい出ればいいほうですよね。利益率で考えても、FXのほうがメリットがあると考えました。

他にも、ネットビジネスやアフィリエイトで稼ぐという選択肢もありましたが、これらは結果が出るまでに時間がかかります。それではモチベーションが続きませんし、すぐに面倒になってしまいそうです。せどりやオークションで稼ぐというのも、労力が大きくかかりますし、在庫を抱えることになりますから、これもパスという感じでした。

お金を稼ぎたいと思ったときに、さまざまな選択肢はありましたが、このような理由で僕はFXが最も優れていると考えて、投資を始めました。FXは危険だという人もいますし、僕も実際に全資産を溶かしてしまったこともありましたが、リスクはコントロールして最小限に抑えることができます。

どんな行動をするにも、リスクが伴うものです。ノーリスクな物事というのはほとんどないはずです。リスクを避けていたら、人は何もできません。FXも同じですが、**他の稼ぎ方に比べたらリスクをコントロールしやすく、しかも億単位のお金を稼ぎ出すことができる。**それが僕がFXを選んだ理由です。

失敗続きの3年間を乗り越えられたワケ

いろいろな投資やビジネスの中でも、僕がＦＸを選んだ理由は、簡単に言えば他の方法よりも「ラクに稼げる」から。前述のとおり、メリットやデメリットを比較すると、他のどんな稼ぎ方よりも、ＦＸは労力が少なく、時間に縛られることもなく、利益率も高い、そう思いました。きっと読者のみなさんも、ＦＸに対して「ラクに稼げる」というイメージを持っているのではないかと思います。

でも、そう思って始めたものの、僕の場合は最初の数年、本当にいろいろな苦労をすることになりました。資金として貯めていたバイト代がすべて消えてしまうということも経験しています。

今は情報がたくさんありますし、ＦＸのスクールもいろいろあります。でも僕は3年くらいの間、そういう情報があるということに気付きもせず、自己流でトレードをしていました。その間に全資産を溶かしているのですが、自分に自信があったのでそのまま自己流でやり続けて、とうとう3年目で「これは自力では無理だな」と気付いたのです。そこで、ようやく他人から教わって軌道修正をすることができました。

その3年間は失敗続きで、本当にダメなトレーダーだったと思います。でも、**そんな僕がなぜゆうに億を超える資産を稼げるまでになったか、その答えのひとつは、「続けた」ということです。**トレードを始めても、なかなか結果が出せない状態が1年も続いたらやめてしまう人のほうが多いでしょうし、さらに全資産を溶かすような経験をしたら「もう終わり」となる人がほとんどだと思います。でも僕はやめなかった。

それは、ＦＸは「おいしい」と思っていたからです。他の仕事の場合、稼ぐ金額を増やすには、働く時間を長くしたり、より重い責任を背負ったり、より高度なテクニックを身につけていかなくてはなりません。それには労力がかかります。

でもＦＸは、クリックするだけなんです。１万円稼ぐのも、１００万円稼ぐのも同じ行動で、ただクリックするだけ。そこに最大のメリットを感じていたので、諦めるという気はなかったのです。

まずこの「続けた」という点が、成功につながるひとつ目のポイントだと思います。

人に教えてもらうことの重要性を知った

僕は大学も出ていませんし、学校の成績はクラスで下から3番目が定位置。勉強はまったくできませんでした。

そんな僕でもFXを始めて3年目から徐々に勝つことができるようになったのは、そこまでFXをやめずに続けたということに加えて、**人に頼ることができたというのもポイントだと思います。**

3年目に「自力では無理だ」と気付いた僕は、FXで成功している人を知り合いから紹介してもらって、その師匠のスクールに通って、個人コンサルを受けることにしました。

個人コンサルですから当然お金はかかります。

でも、無料で手に入る情報と、有料で教えてもらえることというのは、まったく質が異なります。よく、無料でできる範囲で情報を集めようという人がいますが、僕はこれがいちばん遠回りだと思います。質のよい情報、すぐに効果の出る情報を大金をかけてでも集めること、それによって結果を出すほうが、結局は金銭的にも時間的にも圧倒的に効率がよかったのです。

でも、師匠に教えられてからも、すぐにドッカンドッカンと稼げるようになったわけではありません。まず僕が学んだのは、破産するリスクを減らすということでした。すると徐々にリスクコントロールができるようになり、そこから資産を増やしていけるようになったのです。

ただ、資産が億を超えてからも、僕は1回の取引で7000万円の損失を出したことがあります。このエピソードについては次の項目で紹介したいと思います。

そんな痛い経験をしながらも、今では資産はゆうに億を超えています。**継続は力なりと言いますが、ＦＸも同じで、諦めたらそこで終わりです。**僕はＦＸを始めたからには成功するか死ぬかのどちらかしかないと考えていたので、投資の世界に諦めずに居続けることができました。それは、普通のサラリーマンになって満員電車に揺られ、嫌な上司や取引先と付き合いながら何十年も過ごすというのが本当にイヤだったからなのですが……。

7000万円の損失を出した話

先ほど述べた、7000万円の損失を出したときの思い出話をここで披露しておこうと思います。

あの日は、キャバ嬢と初デートの約束をしていた日でした。その前にトレードをしていたのですが、通常なら1000万円の損切りくらいでリスクコントロールをしなければいけなかったのに、そのデートの約束が僕の頭をおかしくしていたのです。

ウキウキした気持ちになっていた僕は、そのとき「1000万円の損切りでトレードを終えてデートに行くのはイヤだな」と思ってしまったわけです。FXでは、こんな気持ちになったらもう負けです。**個人にどんな理由があったとしても、トレードには何の関係もない**わけですから。

そして、損切りできないまま、1000万円、2000万円、3000万円……と、どんどん損切りのタイミングを逃してしまい、最終的には7000万円。そこでようやく、もう無理だなと思い損切りをしたのですが、そのときはもう、頭は真っ白でした。7000万円あったら、家が買えるわけですから。

そのときにはすでに億の資産を持っていたのですが、この7000万円という額は1回のトレードで失う額ではありません。それでも致命傷とならずには済んだのですが、FXの落とし穴の怖さに改めて気付かされることになりました。

億の資産を築くまでに、メンタル面はかなり強化されており、だからこそ、そこまで大きな資産を得ることができたわけですが、それでもこういう危険性はつきまとうのです。

つい、「このトレードは負けたくない」と思ってしまったんですね。まだまだリスクコントロールが甘かったということです。

当然、その後のデートは全然楽しくありませんでした。一切笑うことができませんでした。というか、正直そのデートの内容を今はほとんど覚えていません。記憶にあるのは、ヤケになってその彼女に「何でも買っていいよ」と言ったことくらいです。7000万円という額からしたら、30万円程度のカバンを買うことくらい、どうということはないと思ったのです。

こういう経験があるからこそ、**本書でみなさんに伝えたいのは、マインドをしっかりつくっておくということです。**ある程度成功を収めて、億単位のお金を稼ぎ出してからでも、こういう失敗はあるのです。

ＦＸは決して怖いもの、危険なものではありません。正しい知識を身につけてリスクをコントロールできれば、こんな目に遭うことはないのです。僕が７０００万円の損失を出してしまったのは、５００万円や１０００万円で損切りすることもできたのに、僕がしなかったからに他なりません。本来ＦＸというのは、１回負けたら全部失うというゲームではないのです。**どこで負けるかを選べるのがＦＸなのです。**

僕はこの失敗からも、改めてＦＸで成功するために必要なことというのを学ぶことができました。

お金を稼ぐことは悪いことじゃない！

ＦＸで成功を収めるまで、僕はお金がない状況を体験してきました。そのとき、僕の人生の選択肢はかなり狭かったように感じます。

お金がすべてとは言いませんが、お金があればやりたいことも、やれることも増えていきます。時間や自由を買い、ガマンしなければならないことが減ります。

世の中には、お金を稼ぐのは汚いこと、悪いことのようなイメージを持っている人も多いと思います。でも、お金というのはツールに過ぎず、それを扱う人によって汚い使い方にも悪い使い方にもなってしまいますが、そうではない使い方もできるはずです。お金を稼ぐこと、持っていること自体が汚いこと、悪いことでは決してないはずです。

もし、みなさんがお金に対してよくないイメージを持っているなら、まずはそこを崩すところから始めてほしいと思います。

人は、誰しもお金がほしい、経済的に成功したい、時間や自由を手に入れたいという気持ちを抱いています。それは悪いことではありません。でも、悪いイメージがついていることによって行動をセーブしてしまうのであれば、それはもったいないことだと思います。お金を稼ぐことを諦めて、人生の選択肢を狭めてしまうのはもったいないことです。

みなさんは、ＦＸに興味を持ち、本書を手にとり、ここまで読み進めてくださいました。

多くの人は、お金を稼ぎたい、成功したいと思っても、「じゃあ、どうしたらいいんだろう」と真剣に考え、具体的に行動に移すことをしません。ここまで読み進めてくださったみなさんは、そういう何も行動しない人と比べたら、一歩先を進んでいることになります。ですが、そこから先の行動がさらに大切になってきます。

お金というのは、努力する人、行動する人についてくるものです。諦めずに行動し続けた対価として、お金が得られるわけです。悪さをしよう、ズルをしよう、何もせずにお金を手に入れようという人には、最終的にはお金はついてきません。ですから、**努力して、行動してお金を手に入れるということに対する罪悪感は、持つ必要がありません。**

FXは遊びではありませんし、ズルや悪いことをして稼げるものでもありません。ですから、ためらうことなく、次の一歩に進んでほしいと思います。

億を稼ぐには億を稼ぐ人から学べ

僕は今、FXのスクール・コミュニティを開設しています。本書ではそこでお伝えしている内容の中でもメンタル、マインドに特化して取り上げてきました。それは、トレードをする際にそこが最も重要になるからです。スクールでは、実際にトレードをどう行うかというテクニックについても、詳しく教えています。

また、現在配信している動画コンテンツでは、初心者向けの用語解説から上級者向けの具体的なテクニックまで、細かく章立てて解説していますので、興味のある方はぜひご覧いただければと思います。

僕は自分の経験から、**「億を稼ぐには、億を稼いでいる人から教わるべき」**だと考えています。FXのスクールは他にいくつもありますが、その多くではサポートは専属スタッフに任せていて、直接億を稼いだ講師に教わることは難しいというのが現状です。僕の場合は、サポートに関しては全部自分ひとりで行っていますので、その点も安心していただきたいと思います。

僕がスクールを始めたきっかけは、「ひとりで稼ぐのは無理だ」と思ったときに師匠を紹介してくれた人が、声をかけてくれたことでした。最初は、他にもやりたいことがたくさんあったので断っていたのですが、1年くらい考えた末に、自分の経験を伝えることで多くの人に影響を与えたいと思うようになり、開設することを決めました。それに、その師匠からもアウトプットの重要性を何度も言われていたということもあります。

情報をインプットしたらアウトプットする。それを繰り返すことで、本当にその情報が自分の身になるということです。スクールをやることでアウトプットができる環境が整ったので、実際には、スクール生のみなさんたちよりも僕のほうが成長できているということになります。

スクールには年齢も性別も職業も実にさまざまな人がいます。いちばん年齢が上の方だと70代で、毎月数十万円を稼ぎ出しています。主婦でも学生でも、どんな人でもＦＸはできますし、成功するチャンスがあります。

こうしたコミュニティに入るメリットは、マインドやテクニックについて詳しく学べるというだけでなく、**同じ立場のトレーダーたちと出会うことで、モチベーションが維持できる**ということもあります。

家族や友達、会社の同僚の中にはＦＸに対して懐疑的な人がいて、「そんなのやめておきなよ」と言う人もいるかもしれません。そういうドリームキラーに囲まれた環境では、どうしてもモチベーションが維持しづらくなってしまいます。でも、ＦＸで成功するという意思を持った人たちとコミュニケーションがとれる環境に身を置くことができたら、意識を高く持ってトレードを続けることができるはずです。

環境は本当に大切ですので、今、ＦＸをやろうかどうか迷っている人や、やってみたけれどうまくいかず、ＦＸに対してネガティブな気持ちを抱きつつある人などは、ぜひ環境を変えてみてほしいと思います。

ＦＸのスクール選びにもリスクはあり！

ＦＸに限らず、投資関連や副業、ビジネスでも恋愛でも、成功するためのノウハウを教えますというスクールやネットのコンテンツは、巷に溢れ返っています。そういう中で、誰が信用できて誰が信用できないのかを判断するのは、なかなか難しいことかもしれません。

僕は、知人を通して信頼できる師匠に出会うことができたのでラッキーだったと思います。世間には「有名トレーダーだから信じてスクールに入ったのに、全然成長できなかった」という人もたくさんいます。

実際、投資関連の有料情報サイトやスクールなどには、詐欺もごまんといるのが現状です。こっそり打ち明けると、僕の知り合いの中にも、ＦＸをまったくやったことがないのにスクールをやっている人もいます。そういう人に当たってしまった人は気の毒だなと思います。

僕の場合は、ＦＸを始めたばかりの頃はスクールを開設している人や、有料で情報発信をしている人がいるということを知らなかったので、幸いにも本当に切羽詰まったときにリアルでの人脈を通して師匠を見つけることができました。ですから、当時ＦＸのスクール、塾といったものが存在したのかどうか、実は知らないのです。

でも、今は情報が溢れ返っている時代です。**ＳＮＳもみんなが複数使いこなすのが当たり前の時代。こういう時代には、何が危険で何が安全なのか、きちんと見極める目がより必要となります。**

無料の情報もネット上には溢れ返っています。ＹｏｕＴｕｂｅ、ブログなどでノウハウ

学ぶ側もリテラシーが必要

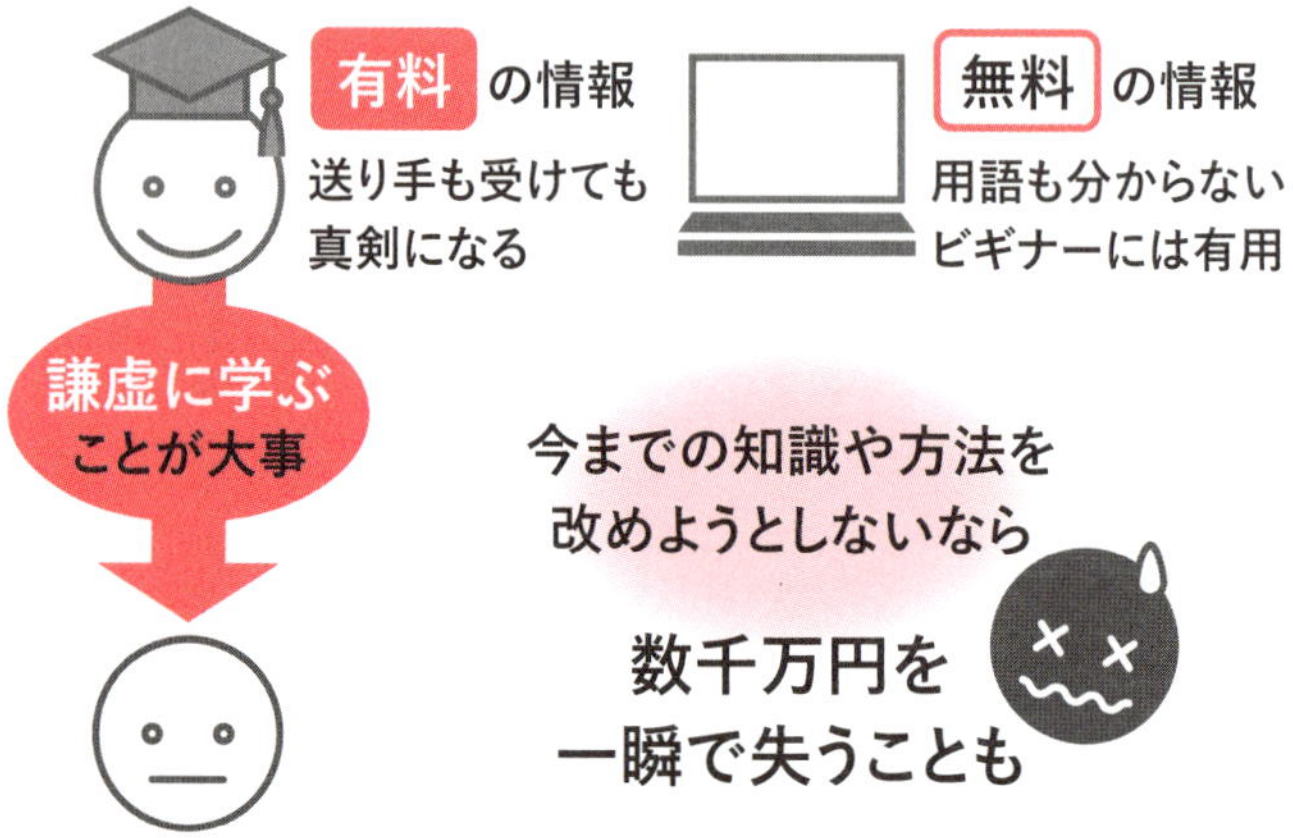
有料の情報
送り手も受けても
真剣になる
無料の情報
用語も分からない
ビギナーには有用
謙虚に学ぶ
ことが大事
今までの知識や方法を
改めようとしないなら
数千万円を
一瞬で失うことも

を無料で発信して、それをツイッターなどで宣伝している人も多くみかけます。無料の情報には、それなりのよさも当然あります。気軽に情報が拾える、その情報を見続けることでモチベーションが上がる、ＦＸを始めてみようかどうか迷っているときに背中を押してくれる……。僕は、ＦＸのよさを多くの人に知ってほしいので、無料で得られる情報を入り口としてＦＸの世界に入ってくれる人たちがいるというのは大歓迎です。

でも、そこから情報を得てＦＸトレーダーとしてデビューしたものの、なかなかうまくいかず、１年足らずで退場してしまったという人たちが、ＦＸ市場の大半を占めているのも事実です。僕も最初の3年間は自己流でトレードをしていたがゆえに、結果を出すことができませんでした。それでも諦めずに続けたということだけは、褒めてやりたいと思いますが。

僕の経験から言って、**無料で得られる情報と有料で得られる情報では、その質が異なります。**無料の情報は、まだ用語もよくわからず、これからFXを始めようという人への入り口としてはとても有用です。でも、そこから先は、情報源によっては運命の分かれ道になると思っています。

まず無料で情報を流している人の大半は、その情報に対する責任をあまり重く感じていないということがあります。とりあえず、流しっぱなしで終わり。それを見る人の理解度はそれぞれに異なりますが、「ここがわかりません」という質問が複数の人たちから寄せられたとしても、自分の時間を割いて逐一答えてくれることは、ほとんどありません。無料で情報発信をしている人は、自分の時間をその分だけ割いているわけですから、さらに追加で質問に答えなければいけない義務はないからです。

ただし、有料でも同じような対応をする人はいます。有料で情報発信をしている限りは、その受け手の方々を稼がせる義務があると僕は思うのですが、残念ながら、お金だけ集めて何もしない人や、全然サポートをしない人というのも、投資の世界にはたくさんいるのです。

今は、情報を受け取る側のリテラシーも求められる時代です。ですから、詐欺のようなスクール、情報サイトなどに引っかからないように、注意しておく必要があると思います。

結局は、投資は自己責任

人間は基本的に、面倒くさがりな部分があり、後回しにできるものは後回しにしたい生き物です。承認欲求も強く、自分は詐欺に引っかかるわけがないというプライドも、多くの人が持っています。昨今、高齢者が次々にオレオレ詐欺をはじめとするさまざまな詐欺被害に遭ってしまうのも、そういうプライドが邪魔をしているからだと思います。巷ではそういう話も聞くけれど、自分だけは大丈夫だと思ってしまうし、そう思っていたいのです。

僕も、そういう面が強くあって、それがFXを始めた初期段階では悪影響を及ぼしていたと思います。他の成功者にノウハウを聞こう、お金を出してでも人に頼ろうと思うまでに、3年もかかっていますからね。その間、本当につらい思いをたくさんしてきました。

その経験から言うと、無料で手に入れた情報というのは、人はそれほど重要視しません。有料で手に入れた情報なら、そこに投資した分は取り戻そうという気になれますが、無料で手に入れた情報だと、そんな気が起こらず、言われたことに対してきちんと理解しよう、勉強しようという気にならないのです。

とはいえ、有料の情報がすべて優れているか、受け手を必ず成功に導くものかといえば、必ずしもそうとは言い切れません。

それは、受け手側の姿勢にもよるからです。**いくらコーチが優れていたとしても、自分自身が考え方を変えよう、今までのやり方を変えようと思わなければ、その人は変われないからです。**

上達が早い人、早くに成功を収める人というのは、謙虚に学ぶ姿勢があります。僕はその謙虚さを一瞬失ったがために、7000万円もの大金をたった1回のトレードで失ったのだと思います。

どんなによい情報を与えられても、その人自身が、人から学んででも変わりたいという気持ちを抱いていなければ、その情報の効力は薄れてしまいます。

教えられても「でも、私はこう思います」「いや、違いますよね」と、否定することに力を割いてしまうような人は、その教えを自分のプラスに変えることはできません。時には僕のスクールにもそういう人が入ってきますが、何のために入ってきたのかなと思います。

自分だけでうまくいかないのであれば、まずは、実際に成功している人のマネをしてみること。これが大切だと思うのですが、自分が今までやってきたことをいったん捨てるということができない人は、非常に多くいます。もちろん、僕も身に覚えがあります。

情報が溢れ返っている時代、その情報を精査する目は必要ですが、精査ではなく、最初から否定しようというつもりで人の話を聞くような人は、成長することができないのです。この人の言うことを信じて、そこにコストをかけてでも成長してやろう、そんな気持ちになれない人も、成功は望めません。

無料でも有料でも、情報にはメリットもありデメリットもあります。それをメリットにするもデメリットにするも、詐欺に引っかかるも引っかからないも、みなさんの情報を見る目によって変わってきます。

みなさんが僕を信じるも信じないも、結局はみなさん次第なのです。

著者略歴

秋村たかのり

千葉県出身。専業ＦＸトレーダー。投資家歴10年。

アルバイトとお年玉を貯めたお金を元手にＦＸを始める。

二度資金を溶かした後、資産を6億円まで増やすことに成功。

秋村たかのり（鋼徹）ＦＸスクールを運営し、自身のＦＸ手法を伝えている。

スクール生は500人以上。またＹｏｕＴｕｂｅチャンネルも運営している。

著書に『極貧フリーター女子が資産6億トレーダーに教わってＦＸで稼いでみた』（共著、秀和システム）がある。

装幀・本文デザイン・DTP：横田和巳（光雅）
校正協力：永森加寿子／大江奈保子
編集：田谷裕章

億トレFX術

勝者と敗者を分かつ投資の原理・原則

初版１刷発行 ● 2019年12月19日
２刷発行 ● 2020年7月22日

著者
秋村《あきむら》 たかのり

発行者
小田 実紀

発行所
株式会社Clover出版
〒162-0843 東京都新宿区市谷田町3-6 THE GATE ICHIGAYA 10階
Tel.03(6279)1912 Fax.03(6279)1913 http://cloverpub.jp

印刷所
日経印刷株式会社

ISBN978-4-908033-50-6 C0033